Tagebuch eines Tierschützers

Bali Kiknadze

Ich widme dieses Buch allen Menschen,
die sich für Tiere einsetzen.

2020

Bibliografische Information der Deutschen Nationalbibliothek: Die Deutsche Nationalbibliothek verzeichnet diese Publikation in der Deutschen Nationalbibliografie; detaillierte bibliografische Daten sind im Internet über dnb.dnb.de abrufbar.

© 2021 Bali Kiknadze
Herstellung und Verlag: BoD - Books on Demand
Norderstedt

ISBN:
978-3-7534-5454-2

Vorwort

Ich bin Bali.

Wenn ich nicht gerade Bücher schreibe oder Spiele entwickle, widme ich große Teile meiner freien Zeit der ehrenamtlichen Tätigkeit im Tierschutz. Angefangen hatte alles vor elf Jahren in Berlin, wo ich als freiwillige Helferin in einer Katzenstation mit anpackte. Danach ging es in Nordfriesland weiter. Dort bin ich inzwischen stellvertretende Leiterin eines Katzenschutzvereins. Und vor knapp zwei Jahren kam so sukzessive die Pflege der Igel dazu. Igel sind viel aufwendiger als Katzen, und ich betrachte mich immer noch als Anfänger.

Meine Tierliebe ist inzwischen weitreichend bekannt. Meine Zuverlässigkeit und Loyalität auch. Aber leider auch meine etwas zu kurz geratene Zündschnur.

Als ich dieses Tagebuch angefangen hatte, ahnte ich noch nicht, dass 2020 ein sehr spezielles Jahr werden würde. Es bildet also nicht exakt den normalen Ablauf eines Tierschützers ab. Aber mal unter uns: Für einen Tierschützer gibt es auch keinen ganz normalen Ablauf. Viele Dinge waren so, wie sie jedes Jahr sind. Doch es gab auch Ereignisse, die ich so nicht vorhergesehen hätte.

Manches hat Corona stark ausgebremst. Zum Beispiel die üblichen Vor- und Nachkontrollen, die ich für unseren Verein (und auch befreundete Vereine) durchführe. Ganz zu schweigen von den vielen Reisen, die oft auch unter dem Motto „Tierschutz" stehen und nicht stattfinden konnten. Dafür war für andere Dinge mehr Zeit als sonst. Wir mussten alle improvisieren.

Und so wie viele meiner sehr geschätzten
Tierschutzfreunde habe auch ich versucht – so gut es
unter den erschwerten Bedingungen ging – möglichst
vielen Tieren zu helfen.
Dennoch haben mich einige Verluste sehr schwer
getroffen.

Noch eine letzte Anmerkung:
Ich habe nicht hundertmal gegengelesen, habe nicht
übermäßig auf Grammatik geachtet oder mir einen
Kopf gemacht, wie ich unlogische Zeitsprünge
vermeiden kann. Ich schreibe wie ich spreche. Wer das
dennoch unerhört findet, darf gern mit dem Rotstift
alles anstreichen, was nicht stimmt. Mir ging es primär
um den Inhalt: Das Abbilden eines Zeitabschnitts im
Leben eines Tierschützers.
Kleine Vorwarnung: Es dreht sich fast ausschließlich
um Katzen und Igel. Das sind die Tiere, mit denen ich
am meisten zu tun habe. Gerade die Igel spielen eine
große Rolle und sind wirklich unheimlich liebenswerte
Tiere.

Ich wünsche allen Lesern reges Interesse an diesem
Buch. Lernt, leidet und freut euch mit mir!

Eure Bali.

01. Januar, Mittwoch

Mit sechs Katzen starte ich in das neue Jahr. Zwei davon herzkrank (Titus und Nike), eine uralte Fundkatze mit neurologischen und was weiß ich nicht noch Störungen (Trinity). Bleiben noch drei gesunde. Zwei davon sind Bulgaren (Ramses und Monk), und Pepe ist Nordfriese. Letztes Jahr waren es nur fünf. Pepe ist seit Oktober mit an Bord. Er war als Babykatze in meiner Obhut (mit drei Geschwistern), und ich behielt ihn, um die anderen Katzen zum Spielen anzuregen, und das klappt auch recht gut.

Heute Nachmittag kam meine Igelfreundin. Sie berichtete, dass viele ihrer Pflege-Igel noch wach sind oder immer wieder aufwachen, weil es zu warm ist. Vor allem Moses, Aaron und Cecilie wollen einfach nicht in den Winterschlaf.

07. Januar, Dienstag

Hab kaum geschlafen. Denn heute stand die OP von Trinity an. Das ist die mit den vielen Störungen. Sie hatte einen Knoten an der Schilddrüse, der kam heute raus. Sie sieht so erbärmlich aus, mit ihrem kahlrasierten Hals. Aber die Kleine ist unheimlich tapfer. Ich bin mega-stolz auf sie.

11. Januar, Samstag

Meine Igelfreundin brachte mir Alfred, meinen neuen Pflege-Igel. Er ist der Bruder von Aaron, also dem Igel, der immer wieder wach wird. Alfred kommt in ein Gehege auf meiner überdachten Terrasse. Hoffentlich schläft er bald.

Nachmittags habe ich eine junge Frau besucht, die bei uns in der Umgebung eine Art Gnadenhof betreibt, mit Pferden, Lamas und diversen Kleintieren. Sie war sehr sympathisch, und wir waren uns einig, dass Tierschützer unbedingt gut vernetzt sein sollten, um sich gegenseitig zu helfen.

15. Januar, Mittwoch
Heute musste ich mit Trinity und Pepe zum Tierarzt. Bei Trinity wurden die Fäden gezogen und ihre Zähne untersucht. Jupp, sie muss bald zur Zahnreinigung. Oh Mann, das arme Ding. Hilft aber nix. Pepe hingegen hatte es gut: Er wurde nur geimpft (die zweite Impfung in seinem noch jungen Katerleben). Gleich weiter zu meinem Katzenschutzverein: Mit Chefin Handkasse und Rechnungen durchgeguckt und besprochen, wer wann welche Nachkontrollen fährt. Das sind die Kontrollen, die wir ein paar Monate nach Vermittlung unserer Tiere machen.
Nachmittags mit meinem Grafiker noch die letzten Zeichnungen für „Katerstimmung" besprochen. Das ist mein erstes Spiel, das ich herausbringen werde. Seit Oktober arbeite ich daran. Das Konzept stand recht schnell, aber die Grafiken für die Spielregeln, die Schreibblöcke, die Würfel und natürlich die Spielebox brauchen entsprechend Zeit. Doch wir sind schon in der letzten Phase. Bald kommt es raus!

16. Januar, Donnerstag
Ganzen Tag die Spielregeln ins Englische übersetzt und alle Texte immer wieder kontrolliert. Warum findet man nach dem fünfzigsten Durchlesen eigentlich immer noch Fehler?

19. Januar, Sonntag
Probespielen von „Katerstimmung" bei mir daheim. Ja,
passt alles.
Trinity schreit nachts wieder sehr viel. Die arme Maus!

21. Januar, Dienstag
Habe mein Gewerbe angemeldet. Es soll ja nicht bei
„Katerstimmung" bleiben. Ich möchte noch weitere
Spiele entwickeln. Tierschutzspiele, wohlgemerkt.
Heißt: Der Erlös der Spiele soll möglichst zurück in
den Tierschutz gehen. Das ist schließlich mein
Hauptanliegen.
Alfred schläft. Er ist ein ganz braver Igel. Ich
kontrolliere sein Gehege jeden Tag. Dafür hat Pepe aber
eine Wunde an der Schnauze. Ob er sich geschnitten
hat? Also Termin beim Tierarzt machen.
Meine Igelfreundin war nachmittags zu Besuch.
Natürlich schaut sie auch nach Alfred, wenn sie hier ist.

24. Januar, Freitag
Schon wieder kaum geschlafen, denn heute ist der
große Tag, an dem Trinity ihre Zahnreinigung hat.
Während Trinity ihren Rausch ausschlief, war ich in
meinem Katzenschutzverein und habe mit der Chefin
die Spendenbescheinigungen geschrieben. Gegen
frühen Abend bin ich dann mit Trinity nach Haus. Hab
sie erst mal oben im Arbeitszimmer eingesperrt, damit
die anderen sie nicht nerven. Und außerdem darf sie ja
bis morgen früh nichts fressen. Ich bin so erleichtert.
Meine Zaubermaus hat auch diese viel schwerere OP
weggesteckt. Und das in ihrem hohen Alter!

9

27. Januar, Montag
Nun aber wirklich mit Pepe zum Tierarzt. Die
Zinksalbe hat ihm nichts genützt, da müssen schärfere
Geschosse her. Der Tierarzt gab ihm ein Antibiotikum
und Kortison. Vielleicht ist es eine
Autoimmunkrankheit. Sicher ist er sich nicht.
Trinity will nicht mehr fressen. Läuft andauernd vom
Napf weg. Ich vermute Zahnwundschmerzen.

28. Januar, Dienstag
Trinity frisst wieder etwas. Aber abends schon wieder
nicht mehr. Alles klar, dann muss ich mit ihr morgen
wieder hin.
Heute viel telefoniert: Termine gemacht für
Nachkontrollen.

29. Januar, Mittwoch
Mit Trinity zum Tierarzt. Er gab ihr ein Antibiotikum
und Schmerzmittel. Letzteres soll ich ihr dann noch die
nächsten Tage geben. Abends fraß sie auch schon
wieder.
„Katerstimmung" ist noch nicht ganz fertig, da bastel
ich schon an dem nächsten Spiel: Das wird ein
Brettspiel über Igel. Habe schon mal die Würfel
entworfen und ein paar der Ereigniskarten. Ein neues
Spiel zu entwickeln macht mir extrem viel Freude, vor
allem mit so einem tollen Grafik Designer wie Andreas
an meiner Seite. Hier, guckt doch mal:
www.baudissin.com

30. Januar, Donnerstag
Nachmittags wieder bei meiner Igelfreundin gewesen.
Nur durch unsere regelmäßigen Treffen lerne ich die
Igel-Pflege. Und außerdem ist sie eine echt tolle Frau.
Ich nenne sie „Zweitmutti", denn eine Mutti hatte ich ja
nie so richtig, und altersmäßig kommt das perfekt hin.
Meine Igelfreundin hat weit über 40 Jahre Erfahrung
mit der Igel-Pflege und ist daher ein großes Vorbild für
mich.

01. Februar, Samstag
Jetzt geht es los mit den Nachkontrollen. Die erste war
in Niendorf, bei Familie M. Die haben einen Kater aus
unserem Katzenschutzverein. Den Kater kenne ich gut.
Er war vier Wochen zwecks Zähmung bei mir, denn er
war ein Wildling und daher nicht vermittelbar. Ich freue
mich, ihn wiederzusehen. Es geht ihm sehr gut bei
diesem netten Ehepaar.
Danach bin ich weiter nach Bahrenfeld zu Familie L.
Dort galt es einen Hund anzuschauen, der von einem
mir bekannten Tierheim vermittelt wurde. Auch hier ist
alles bestens. Wenn alle Kontrollen so laufen würden
wie diese beiden, bräuchte ich nie wieder ausrücken!

02. Februar, Sonntag
Heute ist das jährliche Igel-Frühstück bei meiner
Igelfreundin. Wir waren neun Leute. Es ging natürlich
hauptsächlich um Igel. Die meisten von den
Igelfreunden haben viele Igel in Pflege. Ich habe nur
Alfred, der schläft. Aber ich bin ja auch noch Anfänger.

Die Igelfreunde bekamen, wer wollte, von mir Katzentrockenfutter mit. Das ist gut zum Zufüttern der Igel, was man - aufgrund des Klimawandels - fast das gesamte Jahr tun sollte. Für die Igel ist der Klimawandel (inklusive Insektensterben und Bodenversiegelung) eine Katastrophe. Und nicht nur für sie, sondern für alle Wildtiere.

03. Februar, Montag
Heute wieder viel Arbeit in Sachen „Katerstimmung": Große Diskussion um die Würfelfarben zwischen mir, Andreas und dem Produzenten. Aber wir haben eine gute Einigung hinbekommen.

05. Februar, Mittwoch
Nachmittags eine Nachkontrolle gehabt. Bei Frau C. in Wilster. Sie hat zwei Katzen aus unserem Verein. Ja, dort war auch soweit alles okay. Nur ihren Balkon sollte sie vernetzen, sagte ich ihr, wenn sie mit den Katzen dort sitzt. Sie meinte, ihre Katzen würden niemals über den Balkon gehen. Also, ganz ehrlich: das Risiko würde ich im Leben nicht eingehen. Schon gar nicht mit einer vielbefahrenen Hauptstraße unmittelbar vor der Tür.

06. Februar, Donnerstag
Zwei Kontrollen stehen an: Die erste bei Frau E. in Blankenese, die einen Hund aus einem Tierheim hat, mit dem unser Katzenverein eng verbunden ist. Dem Hund geht es super. Frau E. ist klasse. Die zweite war in Rellingen bei Frau A. Eine Katze aus unserem Verein. Ja, die sieht auch gut aus. Keinerlei Probleme. Schön!

07. Februar, Freitag
Und noch eine Kontrolle. Mein Mann war dabei, denn danach wollten wir gleich weiter in die Sauna. Wir waren bei Frau O. in Burg angemeldet; sie hatte zwei Katzen aus unserem Verein adoptiert. Boah, waren die nett, also Frau O. und ihr Freund. Die Katzen sahen toll aus. Das reinste Paradies hier!

09. Februar, Sonntag
Es gibt eine fette Sturmwarnung für Norddeutschland und auch andere Teile unserer Republik. Das passt ja prima ins Programm, wo heute drei Bulgaren zu unserem Katzenschutzverein gefahren werden sollen. Unser Verein übernimmt diese Katzen von einer befreundeten Schutzstation in Varna. Manchmal machen wir das, wenn wir Platz haben. Ich fuhr also runter nach Hamburg, wo ich mich mit einer jungen Frau traf, die die Katzen letzte Nacht vom Transporter abholte. Dann fuhr ich im Sturm Richtung Nordfriesland. Chefin wollte nicht, dass ich die ganze Strecke fahre, weil der Sturm immer stärker wurde und traf sich mit mir auf dem Pendlerparkplatz Schafstedt. Ich überreichte ihr im peitschenden Regen die drei Körbchen und wünschte ihr eine gute Fahrt. Gott sei Dank musste sie nur noch eine halbe Stunde fahren. Dann waren die Bulgaren endlich in Sicherheit.

12. Februar, Mittwoch
Noch eine Nachkontrolle für ein Tierheim. Ein Hund in Pinneberg, bei Herrn M. Der war nett. So ein Nerd-Typ, noch recht jung, aber super-sympathisch! Dem Hund fehlt es hier an nichts.

Kurz vorm Schlafengehen sah mein Mann, wie unser Titus die Treppe regelrecht runterrutschte, als ob er die Hinterbeine nicht mehr bewegen könne. Um Himmels Willen, was ist denn nun mit Titus los?

13. Februar, Donnerstag
Titus wirkt wieder ganz normal. Ich beobachte ihn trotzdem weiter.
Am Nachmittag hatte ich eine Lesung in der Hamburger Sparkasse in Blankenese, mit meinem Buch „Pfotenengel", einem Buch über Tierschutz. Das Wetter war extrem mistig, daher war es drinnen sehr gemütlich, aber leider waren auch nicht viele Leute gekommen. Ich wäre bei dem Wetter auch nicht freiwillig rausgegangen. Trotzdem war die Lesung sehr schön! Ich habe noch weitere Lesungen für dieses Jahr geplant und freue mich total darauf.

15. Februar, Samstag
Abends traf ich mich mit Frau S. beim Chinesen in Rellingen. Sie hatte auch eine Katze aus unserem Verein, und die ist kürzlich überfahren worden. Frau S. kommt damit nur sehr schwer zurecht. Mein Versuch, sie etwas zu trösten, gelang aber.
Trinity schreit nachts zur Zeit echt viel. Sie schreit zwar ohnehin manchmal, seit sie bei mir ist (Oktober 2018), aber die Schreierei nimmt zu. Vor allem nachts. Ich wache davon immer wieder auf.

17. Februar, Montag
Heute Nachkontrolle in Kaltenkirchen bei Frau E., die auch einen jungen Kater aus unserem Verein hat. Auch hier ist alles wie es sein soll.

Titus ist überhaupt nicht er selbst! Er wirkt
abgeschlagen und frisst auch nicht so viel. Und ins Bett
kam er abends auch nicht. Das macht er sonst immer!

19. Februar, Mittwoch
Frau L. rief mich total aufgeregt an. Sie wüsste nicht
mehr, an wen sie sich wenden solle. Ihre zwei Katzen
vertragen sich überhaupt nicht mehr! Bei ihr hatte ich
letztes Jahr eine Kontrolle gemacht, für eine der
Katzen, die sie adoptiert hat, damit die andere einen
Sozialpartner bekommt. Der Gedanke ist grundsätzlich
sehr vernünftig. Was aber ist nun anders und vor allem
seit wann? Ich riet ihr, zuallererst gesundheitliche
Probleme auszuschließen, bevor wir uns um das
Verhalten der beiden Tiere kümmern. Ich schickte sie
zu einem mir bekannten Tierarzt nach Osdorf; denn das
ist nicht so weit für sie. Danach sehen wir weiter!

21. Februar, Freitag
Pepe wird heute kastriert. Natürlich bei meinem
Lieblingstierarzt in Nordfriesland. Während seiner
Aufwachphase schlief ich über drei Stunden in unserem
Katzenschutzverein, denn nach Hause fahren (etwa 80
Kilometer) lohnt sich für mich nicht, wenn ich auf
Katzen warte, die operiert werden. Dann noch mit
meiner Chefin die Handkasse gemacht und allgemeine
Vereinsdinge besprochen. Abends mit Pepe
heimgefahren. Er muss bis morgen früh im
Badezimmer übernachten, damit er nichts frisst.

22. Februar, Samstag
Pepe hat alles super überstanden, der kleine schwarze
Frechdachs. Dafür bereitet mir Titus immer mehr
Sorgen. Und das ausgerechnet jetzt, wo mein
Lieblingstierarzt ab Montag für drei Tage auf Schulung
ist.

23. Februar, Sonntag
Meine Igelfreundin rief an: Ihrer Katze geht es nicht
gut. Sie frisst nichts mehr. Das ist schlecht, denn meine
Freundin ist ab morgen für zwei Wochen in Urlaub!
Nun, auf eine Katze mehr oder weniger kommt es jetzt
auch nicht an. Dann fahre ich am besten mit Lissi zum
Tierarzt meiner Igelfreundin und nehme Titus gleich
mit!

24. Februar, Montag
Ich konnte erst nachmittags in Aktion treten, da ich den
Schlüssel zum Haus meiner Igelfreundin nicht vor 14
Uhr bekam. Mit Titus im Gepäck fuhr ich also los, holte
den Schlüssel von der Nachbarin und packte Lissi ein.
Mit beiden weiter zum Tierarzt. Wie es scheint, hat
Lissi nur einen leichten Infekt. Puh! Das geht ja gerade
noch.
Titus: Diagnose unklar. Blut abgenommen und Röntgen
gemacht. Das Röntgenbild wirke soweit unauffällig,
sagte der Tierarzt. Das Ergebnis des Bluttests bekomme
ich erst morgen Nachmittag. Der Tierarzt gab meinem
Kater aber nichts: keine Infusion, kein Antibiotikum.
Ich bin ziemlich nervös. Wieder einen Tag warten.

25. Februar, Dienstag
Meine Geduld war aufgebraucht. Ich telefonierte mit der nächstliegenden Klinik. Ja, ich kann ab 10 Uhr kommen. Dorthin ließ ich das Röntgenbild schicken, und die machten mit Titus noch einen Herzultraschall. So wie es aussieht, hat sich die Herzsituation nicht verschlechtert, aber irgendwie war etwas mit der Lunge. Ohne Ergebnis des Bluttests ist das alles noch diffus. Titus bekam Antibiotika und einen Appetitanreger. Kaum waren wir zu Hause, trank und fraß er schon wieder. Meine Güte, war ich erleichtert. Die Blutwerte holte ich nachmittags vom Tierarzt ab. Hmmm, sein Herz hat sich tatsächlich nicht verschlechtert, aber einige andere Werte deuten auf einen Infekt oder schlimmstenfalls die Niere hin. Mein Lieblingstierarzt wüsste das bestimmt.
Natürlich guckte ich auch noch bei Lissi rein, um meiner Igelfreundin per Whatsapp endgültige Entwarnung zu geben. Lissi sah gut aus, schmuste und fraß. Halleluja!
Am Abend schob Titus wieder seine Nickhaut vor. Wie eine Gardine, von unten. Mehr Nickhaut als Auge. Das Drama um Titus ist also noch nicht zu Ende. Ich schickte meinem Lieblingstierarzt eine umfangreiche Mail: Röntgen, Ultraschall, Blutbild und die Symptome. Er kommt ja morgen Abend von seiner Schulung zurück. Endlich!

26. Februar, Mittwoch
Ich hab sowas von schlecht gepennt! Titus hat die halbe Nacht Trinity angeknurrt. Wer soll denn da schlafen können? Meine Nerven sind komplett im Eimer!

Trotzdem hochgefahren zu meinem Katzenschutzverein, denn wir wollten endlich die
Neugestaltung unserer Webseite besprechen. Beim
gemeinsamen Essen rastete ich aus, wegen einer
Kleinigkeit. Chefin und ich guckten uns zwei Sekunden
lang direkt an. Ihr Blick sagte: „Bis hierhin und nicht
weiter." Meiner sagte: „Ich habe Angst um Titus."
Danach war alles wieder entspannt; so gut es halt ging.
Ich hätte mich gern noch erklärt und entschuldigt, als
ich wieder wegfuhr, aber ich konnte nicht. War einfach
zu kaputt. Chefin kennt mich und versteht mich auch
so.

27. Februar, Donnerstag
Ich habe tatsächlich mal gut und lange geschlafen. Bin
ein ganz neuer Mensch.
Heute zwei ganz unterschiedliche Termine: Familie B.
in Blankenese und Frau L. in Dockenhuden. Bei
Familie B. Nachkontrolle für einen Hund aus einem
Tierheim gemacht. Die Familie ist toll. Der Hund auch.
Sie haben Waffeln gebacken; es ist wie ein
Kaffeekränzchen. Erlebe ich nicht sehr oft, fühle mich
total geborgen. Solche Nachkontrollen sind sehr
dankbar.
Danach weiter zu Frau L. Das ist die mit den
zerstrittenen Katzen. Ich schaute mir die Tiere in Ruhe
an und prüfte, wie sie sich untereinander verhielten.
Feliway war an zwei Stellen im Haus eingesteckt.
Tabletten zur Beruhigung bekamen sie auch seit drei
Tagen. Ich vermute hier eine Eifersuchtsgeschichte,
gepaart mit der Unerfahrenheit von Frau L. Ich riet, die
aggressivere Katze von beiden zu clickern und zeigte,
wie dieses Training geht.

Frau L. war total dankbar für meine Tipps und gab mir Kuchen mit. Sie hatte sich gemerkt, dass ich gern Kuchen esse.

Frau L. ist sehr niedlich, aber wir haben noch einen langen Weg vor uns: Frau L. mit den Katzen und ich mit Frau L.

Mein Lieblingstierarzt war von seiner Schulung zurück und ich rief ihn an. Er hatte sich in der Zwischenzeit die Werte angeguckt. Dienstag soll ich mit Titus vorbeikommen, denn ganz so schlimm scheint es laut der Werte nicht zu sein, findet er. Aber wenn Titus sich verschlechtert, soll ich sofort kommen. So ist er, mein Lieblingstierarzt.

Titus bekommt seit zwei Tagen Antibiotika. Die scheinen gut anzuschlagen, denn er verhält sich fast wieder normal. Nur auf die Terrasse will er nicht, und das ist sonst sein täglicher Gang. Also bin ich gespannt auf Dienstag.

28. Februar, Freitag

Titus frisst echt wenig. Wenigstens nimmt er seine Herztabletten auf, die ich ihm - zerstampft in einer leckeren Sauce - täglich hinstelle. Er ist noch lange nicht er selbst. Ich wäre sicherlich weniger nervös, wenn er nicht so schwer herzkrank wäre.

Heute das Skript für dieses Buch angefangen. Da ich ohnehin Tagebuch schreibe (wo dann natürlich viel mehr drin steht - dieses hier geht ja ausschließlich um die Dinge, die mit Tierschutz zu tun haben), war es nicht schwer, die letzten Wochen zu rekapitulieren. Aber ab jetzt wäre es besser, alles regelmäßig und zeitnah zu notieren.

Stand heute weiß ich noch nicht, ob ich das überhaupt als Buch herausbringen werde. Erstmal schreibe ich alles auf. Kostet ja nichts. Naja, außer Zeit.

29. Februar, Samstag
Mail von Frau L.: Sie ist begeistert. Das Clicker-Training funktioniert, und die Katze schnurrt die ganze Zeit dabei. Ich schrieb zurück, dass das ja schön sei, sie sich aber von eventuellen Rückschlägen (die zwangsläufig kommen können) nicht aus der Ruhe bringen lassen soll. Na, mal sehen. Das ist verdächtig glatt gelaufen. Jetzt kommt es darauf an, wie Frau L. reagiert, wenn ihre Katze mal wieder im Stress ist.

01. März, Sonntag
Heute Abend war Igel-Schulung, und zwar für alle, die sich vorstellen können, beim Igel-Telefon mitzumachen. Das ist eine Telefon-Hotline, die deutschlandweit allen Menschen helfen soll, die Igel gefunden haben und nicht weiter wissen. Wir beraten dann telefonisch oder vermitteln die Igel zu Päppel- oder Pflegestellen, beziehungsweise, wenn es schnell gehen muss, in igelkundige Tierkliniken. Die Schulung war online. Wir lauschten der erfahrenen Igel-Pflegerin im Video, konnten gleichzeitig schriftlich Fragen stellen, die sie mit in ihren Vortrag aufnahm. Das war sehr interessant. Ich bin ja noch ganz am Anfang der Igelpflege, denn Alfred ist kein echter Pflegefall, sondern einfach nur niedlich. Dennoch hoffe ich, dass ich recht bald beim Igel-Telefon helfen kann.

03. März, Dienstag
Endlich - der Termin mit Titus bei meinem Lieblingstierarzt ist ran. Mit Titus ist gar nicht viel los, sagte er. Nur ein Infekt, der nicht weggehen will. Er hat ihm noch einmal Blut abgenommen, um einen Vergleichswert zu haben. Und ein Antibiotikum hat er ihm auch noch gespritzt. Ich soll so weitermachen wie bisher, mit den Herztabletten. Er ruft mich übermorgen wegen der Blutwerte an. Na, sieht so aus, als ob der Titus erst mal vom Haken ist. Puh!

09. März, Montag
Titus ist ganz wieder der Alte. Die Blutwerte haben nichts auffälliges ergeben. Also kann ich mich nun voll auf das Igel-Telefon konzentrieren. Zwei Anrufe habe ich schon bewältigt. Die waren auch nicht schwer, da die gefundenen Igel nicht verletzt waren. Aber das übt! Schließlich muss ich ja auch die interne Igelkarte verinnerlichen, damit ich effektiver und schneller werde. Auf der Karte sind alle relevanten Pflegestellen, Tierärzte und Kliniken in ganz Deutschland vermerkt.

12. März, Donnerstag
Frau L. hat sich gemeldet: Die Katzen hatten wieder Streit. Habe ihr geraten, mal aufzuschreiben, wie oft und in welchen Situationen das tatsächlich vorkommt. Denn knapp zwei Wochen war ja Ruhe. Wenn das nur zwei bis drei Mal im Monat passiert, kein Blut fließt, und sie sonst aber friedlich zusammenliegen, sollte man da nicht überreagieren. Wenn ich da an Titus denke: der faucht locker zehn Mal pro Tag - wenn es reicht!

Mit dem Igel-Telefon geht es auch weiter. Heute spätabends einen Anruf entgegengenommen: Frau B. aus Duisburg fand einen Igel im Garten, der wohl unterernährt ist. Ich bin mit ihr die Sofort-Maßnahmen durchgegangen und hoffe, dass er es schafft. Morgen früh geht er in die Klinik; so ist der Plan.

13. März, Freitag
Heute bei meiner Igelfreundin gewesen. Wir warteten zusammen auf zwei Igel, die eine Finderin bringen wollte: Justus und Mathilda. Oha, beide sind extrem verdreckt, und so einige Wunden kann man auch erkennen. Aber zuerst hat meine Igelfreundin sich um die ganzen Flöhe gekümmert. Gott, waren das viele! Schon beim Ansehen juckte es mich überall. Was ein Gewimmel. Die armen Igel. Aber Igel-Flöhe gehen selten auf Menschen über. Sonst hätten wir Igelpfleger ja ständig Flohbisse. Selbst bei Katzen passiert das nicht oft. Als ich Titus damals aufnahm, hatte er unheimlich viele Flöhe. Und mit all den Flöhen schlief er bei mir im Bett. Ich hatte am nächsten Morgen keinen einzigen Flohbiss. Natürlich hat er dann sofort ein Flohmittel bekommen. Also Flöhe bereiten mir - in Sachen Ansteckung - wenig Kopfzerbrechen.
Ganz anders bei Hautpilz. Oho!

14. März, Samstag
War bei meinem Katzenschutzverein. Wir waren zu fünft und besprachen, wer welche Aufgaben übernimmt und was wir dieses Jahr noch an besonderen Aktionen machen wollen. Ideen hatten wir viele, doch uns war klar, dass aufgrund der angespannten Corona-Lage keine langfristigen Pläne möglich sind.

Nun hangeln wir uns also erst einmal von Woche zu Woche. Es bleibt uns vorläufig nichts anderes übrig. Wir saßen auch alle mit entspechendem Abstand zueinander.

15. März, Sonntag
Ich bin wieder bei meiner Igelfreundin, um bei den weiteren Behandlungen von Justus und Mathilda zu assistieren, denn ich will die Igelpflege ja richtig lernen! Justus bekommt ein Braunol-Bad (Mathilda hatte schon gestern) und wird sowohl bäuchlings, als auch auf dem Rücken eingetaucht, um Bakterien und Schmutz herunterzuspülen. Er macht prima mit. Danach ist er viel sauberer. Er bekommt eine Spritze gegen seine Lungenentzündung. Wo die Milben auf ihm saßen sind jetzt Hautfetzen, die meine Freundin vorsichtig abzupft. Auf seine eitrige Stelle am Fuß bekommt er auch ein Medikament. Justus hält ganz still und ist wirklich super brav!
Nun ist Mathilda an der Reihe: Sie bekommt eine Spritze gegen Lungenwürmer. Und eine Spritze wegen ihrer vielen Abszesse. Zusätzlich müssen besagte Abszesse mit einer speziellen Mischung gespült werden. Mathilda findet das alles gar nicht lustig und faucht und hüpft, was natürlich besonders das Spritzen-Setzen erschwert. Doch meine Freundin hat ja sowohl genug Igel-Erfahrung, als auch die dafür dringend nötige Geduld und kann schlichtweg jeden Igel behandeln! Und ich bin, wie immer, voller Bewunderung für sie.

20. März, Freitag
Mit meiner Igelfreundin telefoniert. Ich fragte sie nach
dem Zustand von Justus und Mathilda. Die Behandlung
gegen die Lungenentzündungen ist abgeschlossen,
erzählte sie. Beide sind aber weiter in Behandlung
wegen der Abszesse. Danach geht es den Endoparasiten an den Kragen. Sie haben ordentlich an
Gewicht zugelegt. Meine Freundin ist sehr zufrieden.

25. März, Mittwoch
Heute war ich mit Lissi bei meinem Lieblingstierarzt.
Lissi ist die alte schwarze Katze meiner Igelfreundin,
die kürzlich krank war. Und da meine Igelfreundin zur
Risikogruppe gehört, habe ich einfach entschieden, dass
nicht *sie* mit Lissi fährt, sondern ich. Lissis Auge soll
überprüft werden. Sie hat da so einen komischen Fleck,
den mein Lieblingstierarzt seit einem halben Jahr
überwacht. So von wegen Tumorbildung und so. Nein,
das Auge sei völlig in Ordnung, sagt er. Also fuhr ich
mit Lissi wieder zurück zu meiner Igelfreundin, um ihr
die frohe Botschaft zu überbringen. Sie hat sich
wirklich unheimlich gefreut. Aber es war gut, dass *ich*
gefahren bin und nicht sie, so erschöpft und
abgekämpft wie sie heute aussah.

01. April, Mittwoch
Seit einigen Tagen brummt es im Igel-Telefon. Klar,
das Wetter wird langsam besser, und viele Leute haben
mehr Zeit für ihre Gärten, weil sie Kurzarbeit, Home-
Office oder ähnliches machen. Die Igel, die dieser Tage
gefunden werden, sind oft in desolatem Zustand.
Schwach, unterernährt, durch andere Tiere oder
Gartengeräte schwer verwundet.

Ich bekomme langsam eine Vorstellung davon, wie das im Sommer und im Herbst sein wird, wenn die Anrufe zunehmen. Bis dahin muss ich aber richtig fit sein, in Sachen Igel!

Meiner Igelfreundin geht es besser! Sie hat mich heute bezüglich des Baus eines „Igel-Restaurants" beraten. Ich möchte ja auch draußen zufüttern, aber so, dass halt in erster Linie *Igel* an das Futter kommen.

07. April, Dienstag

Es brummt immer mehr im Igel-Telefon. Aber inzwischen bin ich schon recht routiniert und kenne die wichtigsten Pflegestellen. Dadurch geht die Vermittlung hilfsbedürftiger Igel natürlich sehr viel schneller. Heute haben wir fast 20 Anrufe gehabt.

Nike sieht nicht gut aus. Ihre Augenränder wirken rötlich. Die Medikamente für ihr Herz nimmt sie aber noch ganz brav. Da ich mit Trinity am Donnerstag zu meinem Lieblingstierarzt fahre, packe ich Nike gleich mit ein. Vorsicht ist besser als Nachsicht.

08. April, Mittwoch

War nachmittags bei meiner Igelfreundin. Die Hälfte ihrer Igel ist schon wach und wird zugefüttert. Ganz vorn dabei sind natürlich die üblichen Verdächtigen: Moses, Aaron und Cecilie (siehe 1. Januar). Ich fragte sie, warum man Igel nicht im Wald auswildern dürfe und wie es mit Friedhöfen aussieht. Wald ist schlecht, erklärte sie, denn Igel sind „Kulturfolger". Friedhöfe gingen maximal für Altigel. Junge Igel sollten sich in der Nähe einer gesicherten Futter- und Wasserstelle befinden, sprach die Igelexpertin. Ich muss noch viel lernen, merke ich.

Das Material für das Igel-Restaurant habe ich heute vom Baumarkt abholen dürfen. Alle Teile sind schon zugeschnitten, jetzt kann es losgehen!

09. April, Donnerstag
Heute war der Termin bei meinem Lieblingstierarzt. Allerdings habe ich Trinity zu Hause gelassen und nur Nike mitgenommen. Beim Tierarzt gibt es zur Zeit heftige Wartezeiten; das wollte ich Trinity nicht zumuten, denn ihr geht es recht gut. Ich musste tatsächlich fast zwei Stunden warten. Arme Nike. Aber es hat sich gelohnt: Nike hatte einen ordentlichen Infekt, der mit Spritzen und Augentropfen behandelt wurde. Dann kurzer Stopp bei meinem Katzen-schutzverein zwecks Übergabe von Dokumenten, die ich über Ostern bearbeiten werde, und dann ab nach Hause, wo Nike endlich ihren Riesenhunger bekämpfen konnte. Sie war überaus tapfer, meine alte Prinzessin (auf der Erbse).

14. April, Dienstag
Nike sieht immer noch nicht gut aus. Hab schon für Freitag einen Termin beim Tierarzt gemacht. Dafür ist mein Igel Alfred nun aufgewacht. Hurra! Jetzt heißt es zufüttern und Gehege saubermachen. Daran muss ich mich erst wieder gewöhnen. Er wiegt 530 Gramm. Da geht noch was!

16. April, Donnerstag
Die Notfälle im Igel-Telefon nehmen weiter zu. Das Wetter wird immer besser, und kein Regen in Sicht. Alle Igel, die jetzt gefunden werden, sind teilweise extrem untergewichtig und viele auch voller Parasiten.

Mit Sorge sehe ich, wie sich die Igelpflegestellen in ganz Deutschland füllen. Wenn das jetzt im April schon los geht, dann sind doch bis zum Sommer alle Pflegestellen voll bis unters Dach!

Habe schon drei Pakete mit Katzenfutter an Igelpflegestellen geschickt. Durch meine Tierschutzarbeit erreichen mich manchmal Proben (überwiegend Katzentrockenfutter), die ich dann weitergebe. Vorhin hatte ich wieder eine total nette Pflegestelle am Hörer. Die bekommt auch Futter!

Heute das erste Mal den vorläufigen Entwurf meines neuen Igelspiels („Stachelritter") probegespielt. Das lief besser als wir dachten. Ich habe also nun ein Grund-konzept, auf dem ich aufbauen kann.

17. April, Freitag

Das war heute so ein Achterbahn-Tag: einiges war super, und der Rest war anstrengend. Was super war: Die ersten fertigen Spiele („Katerstimmung") sind eingetroffen. Eigentlich ein tolles Gefühl, nur bewerben kann ich es nicht, denn alle Spieletreffs ruhen, aufgrund von Lockdown, und keiner weiß, wie lange. Aber ich bin von Andreas´ Design so begeistert, dass das - zumindest heute - meine Stimmung nicht trüben kann. Nachmittags ging es schon wieder nach Nordfriesland zu meinem Lieblingstierarzt. Im Gepäck: Nike und Trinity. Nikes Entzündung ist zwar fast weg, aber sie hat irgendein Problem mit ihren Analdrüsen. Auf jeden Fall verliert sie manchmal Kot und „kleckst" so durchs Haus. Mein Tierarzt meint, es könne vom Rückgrat her kommen.

Da stünde dann demnächst ein Röntgen an. Trinity war einfach: Impfen und Krallen schneiden. Letzteres hat sie mit großem Getöse untermalt.

Im Igel-Telefon wird es immer krasser. Den letzten Anruf hatte ich kurz vor Mitternacht. Ich kam zu nichts mehr. Oder anders ausgedrückt: Warmes Essen wird überbewertet.

18. April, Samstag
Meine Katzenstreulieferung verzögert sich, also muss ich nochmal los. Nach dem Großeinkauf bin ich gleich weiter nach Bilsen, um eine Vorkontrolle für einen Hund aus Rumänien zu machen. Sehr coole Familie, sehr viel Hundeerfahrung, sehr viel Tierliebe. Meine Bewertung wird definitiv positiv ausfallen. Schnell nach Hause, ein paar Nüsse einwerfen, dann holte mich auch schon meine Igelfreundin ab: Wir wildern heute Mathilda und Justus aus, und zwar bei einer anderen Igelfreundin, die einen großen Hof mit angrenzenden Grünflächen hat. Tolles Terrain. Sollte ich als Igel wiedergeboren werden, möchte ich genau hier hin! Gegen 19:30 war ich wieder heim. Eigene Katzen (und Alfred im Gehege) versorgen, dann verpusten. Aber nur bis 23 Uhr. Da kam dann noch ein Notruf übers Igel-Telefon. Gott sei Dank nichts schlimmes.

19. April, Sonntag
Mein Alfred frisst jetzt regelmäßig. Er ist also wieder ganz wach!
Mich betrübt, dass ich ziemlich hinterherhinke, bezüglich des Igel-Telefons. Die Anrufe kommen jetzt in so kurzen Abständen, dass ich teilweise überfordert bin.

Das liegt auch daran, dass ich die Technik nicht so schnell kapiere wie meine Mitstreiter. Die können alles gleichzeitig: telefonieren, über Whatsapp schreiben und noch am Computer Information recherchieren. Leider gehöre ich nicht zu den Menschen, die das so können. Dafür kann ich (hoffentlich) andere Dinge.

Abends haben wir „Stachelritter" nochmal gespielt, nachdem ich einiges daran verändert hatte. Bevor man sie produzieren lässt, muss man Spiele ganz oft probespielen, und zwar mit Menschen aus allen Altersgruppen und verschiedenen Haushalten. Verschiedene Haushalte? Während Corona? Ein Satz mit X: Das wird wohl nix.

20. April, Montag

Habe Alfred aus seinem Schlafhaus ausgebuddelt und gewogen. Stolze 630 Gramm. Er hat also innerhalb einer Woche 100 Gramm zugenommen. Braver Igel! Er ist wirklich unfassbar süß. Nie stellt er seine Stacheln auf, wenn ich ihn vorsichtig anfasse. Er vertraut mir!

22. April, Mittwoch

Heute Mittag war ich mit Nike und Trinity bei meinem Lieblingstierarzt. Eigentlich war nur Nike geplant, die mir immer noch zu viel aus dem Hintern kleckst. Doch grade als ich los wollte, fing Trinity an, auf ihrem Hintern die Treppe herunterzurutschen und eine dicke Kotspur zu hinterlassen. Na, bravo! Also die Maus auch noch eingepackt.

Von beiden wurde Blut genommen. Trinity fand die Aktion überhaupt nicht witzig und hat wieder ein mächtiges Theater veranstaltet.

Er hat ihr dann noch zwei Spritzen gegeben: Vitamin B12 und Metamizol. Nike wurde geröntgt, denn er vermutet einen Schaden an der hinteren Wirbelsäule. Naja, ganz eindeutig ist das nicht. Leider. Würde bedeuten: da kommt noch ein CT auf Nike zu. Aber erst mal die Blutwerte abwarten.

23. April, Donnerstag
Nike verhält sich recht normal. Nur Trinity tut sich wahnsinnig schwer, ihre Hinterbeine zu benutzen und hat über Nacht den gesamten Fußboden mit Kot eingeschmiert. Eine leckere Säuberungsaktion für mich, morgens um 7:30. Ich mache mir ernsthaft Sorgen um sie. Nach der Metamizol-Gabe sollte sie eigentlich einen Square-Dance hinlegen können.
Die Blutwerte der beiden Mäuse sind da: keine Auffälligkeiten.
Nachmittags auf dem Friedhof Blankenese Wasserschalen für die Wildtiere aufgefüllt. Abends dann noch mit Ramses zum Tierarzt: War aber nur impfen. Sonst ist alles gut mit ihm.

25. April, Samstag
Ich denke, Nike ist wieder ganz gesund. Aber Trinity hinterlässt Kot und Urin wo sie geht und wo sie steht. Außerdem frisst sie weniger als sonst. Mir ist klar, dass das nicht mehr ewig geht, mit meiner Zaubermaus. Bin am Vormittag nochmal zum Tierarzt, und sie hat eine Depotspritze gegen die Schmerzen bekommen. Bislang hat das ja immer geholfen. Ich hoffe, die Maus hat dadurch noch etwas Lebensqualität, aber ich werde sie genau im Auge behalten. Das arme Ding. Es tut weh, wenn man sieht, wie sie die Treppen runterrutscht.

Jedoch nützt es nichts, ihr alles im Erdgeschoss einzurichten, denn sie geht doch wieder rauf. Das kriegt sie auch noch ganz gut hin.

26. April, Sonntag
War mit meiner Igelfreundin unterwegs. Wir haben uns potentielle Auswilderungsgebiete für Igel angeguckt. Interessant, was man dabei alles beachten muss: Wer füttert den Igel zu? Hat er genug Schlafmöglichkeiten? Gibt es stark befahrene Straßen in der Umgebung? Wie ist das Nahrungsangebot? Meine Freundin meint, dass ich Alfred ruhig bei mir auf dem Grundstück auswildern könnte. Na, was mich betrifft: auf jeden Fall sehr gerne! Wir haben auch in meinem Garten igeltypischen Kot gefunden. Na also! Da frisst anscheinend schon jemand in meinem neuen Igel-Restaurant.

27. April, Montag
Hab Alfred gewogen: 730 Gramm. Was ein toller Junge!
Nachmittags ging es zur Post: die ersten „Katerstimmungen" auf den Weg bringen. Ich bewerbe mein Würfelspiel zur Zeit nur per Mail, denn mehr Möglichkeiten gibt es ja nicht. Und daher bin ich über jeden froh, der es bestellt.

29. April, Mittwoch
Die Damen sind fast wieder die Alten. Nike sowieso, und Trinity läuft auch wieder wie vorher – so wie sie halt läuft, mit ihren steifen Beinchen, aber ohne die Treppe herunterzurutschen. Nur ihre Häufchen verteilt sie noch quer durchs Haus. Damit kann ich leben.

30. April, Donnerstag

Aufregender Tag bei meiner Igelfreundin. Sie hat gestern eine kleine Igelin bekommen, die ein junger Mann bei einer Hochhaussiedlung starr im Gras liegend fand. Die Kleine hat einen mörderischen Abszess auf dem Rücken! Meine Freundin hat den gleich aufgemacht, und nun muss er jeden Tag gespült werden, und zwar mit dieser speziellen Mischung, die auch Mathilda schon bekam. Ob ich mir das angucken wolle? Was für eine Frage!

Meine Freundin spülte vier Mal hintereinander, legte dann die Igelin immer wieder auf die Seite, so dass Eiter und Flüssigkeit ablaufen konnten. Die Igelin hielt ganz still. Sie hat zusätzlich einen massiven Lungenwurmbefall, der aber leider etwas warten muss, weil das Medikament gerade nicht zur Verfügung steht. Die Kleine bekam noch ein Antibiotikum, dann durfte sie erst mal wieder in ihr Gehege. Sonntag darf ich die Spülung vornehmen, natürlich unter Aufsicht meiner Igelfreundin. Mal sehen, wie ich mich anstelle.

3. Mai, Sonntag

Athene, so taufte ich die kleine Igelin, wurde heute von mir versorgt. Meine Freundin hat mich genau angeleitet, wie ich die Wunde spülen muss. Es ging eigentlich ganz leicht, da Athene so schön still hielt. Eine Spritze bekam sie noch hinterher. Ihr Abszess heilt sehr gut ab.

6. Mai, Mittwoch

Alfred nahm die letzten Tage gar nicht mehr richtig zu. Also drei Tage lang Kot gesammelt und die Probe beim Tierarzt abgegeben.

Auf dem Rückweg beim Friedhof im Nachbardorf angehalten und Wasserschalen aufgefüllt. Die nächsten Tage wird es nicht regnen, also muss ich ran. Das mache ich seit ein paar Jahren regelmäßig: ich schaue nach unbenutzten Tonschalen auf Gräbern, mache die sauber und fülle sie mit Wasser. Denn gerade auf Friedhöfen leben viele Wildtiere, die während der Trockenperioden keinen Zugang zu frischem Wasser haben.

Trinity bekam heute Abend wieder ihre Schmerzspritze. Aber ich fürchte, dass ich damit nicht mehr viel verbessern kann bei ihr. Leider.

Meine Igelfreundin gab mir die Ergebnisse von Alfreds Kotprobe durch: er hat überhaupt nix! Das ist beim Igel eher selten der Fall, aber natürlich super. Nur: warum nimmt er dann nicht zu?

Athene hingegen hätte ordentlich zugenommen und sei überhaupt nicht mehr apathisch, sondern ziemlich vital und fauche auch entsprechend, erzählte sie mir noch.

8. Mai, Freitag

Alfred gewogen: Er wiegt 770 Gramm. Der Knoten ist also geplatzt. Na endlich!

Nike macht mir schon wieder Sorgen. Habe das Gefühl, dass sie abgenommen hat. Aber ihre Blutwerte waren ja recht normal. Was stimmt denn nun nicht mit ihr?

Trinity ist inzwischen wirklich komplett stuhlinkontinent. Sie verliert ihren Kot immer und überall und scheint auch ihre Nahrung gar nicht mehr zu verstoffwechseln. Ich weiß, was bald zu tun ist. Ich mag überhaupt nicht drüber nachdenken.

Frau L. (die aus Dockenhuden) rief wieder ganz aufgeregt an: ihre Katze hätte ihre Tochter gekratzt. Ich musste sie vertrösten. Heute kann ich nicht mit ihr sprechen, da mir einfach die Zeit fehlt. Die Notrufe im Igel-Telefon sind enorm angestiegen!

9. Mai, Samstag
Wir haben über 20 Grad und ich bin mal wieder auf dem Friedhof Blankenese unterwegs, um leere Tonschalen in Wasserquellen zu verwandeln. Es ist knochentrocken überall. Auch auf unserem Familiengrab steht so eine Schale, die ich gleich als erstes befülle. Gut eine Stunde spaziere ich mit der Gießkanne kreuz und quer über den Friedhof.
Frau S. aus Rellingen (siehe 15. Februar) rief an: der Kater könne nun doch nicht bleiben, da sie keine Zeit mehr für ihn hat und ihr Ex-Mann sich auch kaum kümmert. Sie möchte Rat. Mal wieder. Langsam weiß ich nicht mehr, was ich ihr raten soll. Wir drehen uns im Kreis. Nun denn, wir treffen uns in ein paar Tagen, um die Lage zu besprechen.

11. Mai, Montag
Meine Igelfreundin rief an: Athene wiegt schon stolze 620 Gramm und ist wieder ganz gesund. Sie darf raus, sobald sie die 700 Gramm Marke überschritten hat. Bei Jung-Igeln wie Athene reicht das Gewicht aus, um ausgewildert werden zu können. Natürlich in einen igelfreundlichen Garten mit Zufütterung!
Alfred werde ich morgen wieder wiegen. Seine Tage in meiner Obhut sind nun auch gezählt.

12. Mai, Dienstag
Alfred wiegt 810 Gramm. Damit hat er sein
Auszugsgewicht erreicht und wird kommendes
Wochenende in meinem Garten ausgewildert, natürlich
im Beisein meiner Igelfreundin. Der Abschied wird mir
nicht leichtfallen. Wir werden ihn mit Acrylfarbe
markieren.

13. Mai, Mittwoch
Ich habe beschlossen, mir bei passender Gelegenheit
ein Mikroskop zuzulegen, um Kotuntersuchungen
selbst zu machen. Auch eine Methode, um Parasiten
besser kennenzulernen. Und meinen eigenen Katzen
kann das auch nicht schaden. Aber einfach ist das nicht:
da muss ich vorher mit jemandem üben, der das gut
kann. Und dann schauen, dass ich das passende
Mikroskop finde. Aber das muss noch etwas warten,
fürchte ich.
Ein weiteres Mal „Stachelritter" probegespielt und
nachgebessert. Aber halt nur daheim mit dem werten
Gatten. Man könnte viel besser planen, wenn man
wüsste, wie lange dieser Lockdown noch anhält. Aber
das kann nun mal niemand vorhersehen.

14. Mai, Donnerstag
Mit Nike heute beim Tierarzt gewesen: Sie wiegt nur
noch 3,6 kg. Vorher 4,1 kg. Pfui Teufel! Könnten die
Zähne sein. Was auch sonst; ihr Blutbild war doch
völlig in Ordnung. Also nächste Woche zum Röntgen.
Eine Metacam-Spritze hat sie bekommen. Hat wohl
auch ein wenig gewirkt; sie fraß etwas. Pepe gefällt mir
auch nicht. Der hat so breiigen Kot. Oh, Himmel.

16. Mai, Samstag
Morgens um 9:30 hatte ich schon Frau L. aus
Dockenhuden in der Leitung. Es ging um eine Lösung
für das altbekannte Katzenproblem. Sie wird es jetzt
mit Freigang versuchen und hofft, dass sich die
Situation dann endlich entspannt.
Ab Mittag war ich dann mit dem Igel-Telefon
beschäftigt. Heute (und gestern auch schon) haben wir
ein EXTREM hohes Anruf-Aufkommen. Überall
werden verletzte, hungernde Igel gefunden. Und wir
sind zu wenige beim Igel-Telefon, um das alles
auffangen zu können. Ich werde wohl doch noch
irgendwann ein Buch über das Thema Ehrenamt im
Allgemeinen schreiben müssen, um zu zeigen, wie sehr
der Staat uns hängen lässt, obwohl wir unentgeltlich
versuchen, die Welt ein bißchen besser zu machen. An
solchen Tagen kann einen da echt die Wut packen!

17. Mai, Sonntag
Meine Igelfreundin war nachmittags da. Wir haben
dann Alfred ausgewildert: ganz unspektakulär, indem
wir seinen Schlafkarton in meinen Vordergarten gestellt
haben. Vorher ein paar Stacheln mit Acrylfarbe
bepinselt. Der Karton steht nun direkt gegenüber von
dem neuen schönen Igel-Restaurant, damit er gleich
weiß, wo er dinieren kann. Alfred brachte heute
Morgen 810 Gramm auf die Waage, genau wie vor fünf
Tagen. Ich hoffe, er hat ein gutes Leben hier bei uns.
Ich vermisse ihn jetzt schon.

18. Mai, Montag
In aller Frühe gleich zum Karton geeilt. Er ist leer!
Alfred ist also ausgezogen. Aber das Futter ist
unberührt. Muss ich mir nun Sorgen machen? Das
Igel-Restaurant ist schließlich kaum zu übersehen,
beziehungsweise zu „überriechen". Riechen können
Igel wirklich hervorragend!

19. Mai, Dienstag
War mit Nike schon wieder beim Tierarzt, da sich
weder ihr Zustand, noch ihr Gewicht verbessert hat. Sie
wurde schlafen gelegt, dann geröntgt. Zuerst die Zähne.
Doch da war nichts auffälliges. Also den Bauchraum
noch geröntgt. Auch da war nichts eindeutig zu
erkennen. Bin frustriert nach Hause. Mein
Lieblingstierarzt wird ein CT machen müssen. Ich
brauche endlich Klarheit!
Heute bin ich echt geschafft: mit Nike geht es nicht
voran, Trinity ist sowieso ziemlich durch, Pepe hat
dünnen Stuhl, auf Titus muss ich auch ständig
schauen ... puh. Die einzigen, die anscheinend immer
gesund und munter wirken, sind meine Bulgaren: Monk
und Ramses. Mit denen ist nie etwas!

20. Mai, Mittwoch
Mit meiner Igelfreundin telefoniert und ihr von Alfred
erzählt. Und sie gefragt, ob es sein kann, dass Alfred
die Rattenklappen an den Eingängen nicht passieren
mag. Hält sie für unwahrscheinlich. Trotzdem habe ich
eine der Rattenklappen am Igel-Restaurant abends
abgehängt. Nächsten Tag war das Futter fast leer.
Hoffentlich ist es wirklich Alfred, der sich bei uns im
Garten eingenistet hat.

Trockenfutter stelle ich sowieso jeden Abend raus, so dass er und andere Igel eine Auswahl haben.

Meine Igelfreundin ist immer noch mit Athene beschäftigt: Die Lungenwürmer wollen einfach nicht verschwinden. Dafür sind fast alle anderen Igel bei ihr inzwischen gesund und ausgewildert worden.

Nike frisst fast nichts. Nachts kam sie zu mir und legte sich aufs Kopfkissen. Sie ist zur Zeit super anhänglich.

22. Mai, Freitag

Heute ging es mit Nike weiter: Sonographie und CT. Und tatsächlich: Sie hat eine Quetschung im Rückenmark, eine Wirbelsäulenfraktur und als krönenden Abschluss noch eine Verkalkung in der Niere. Mein Lieblingstierarzt gab ihr Schmerzmittel, die ich ihr nun auch täglich geben muss. Eine Infusion bekam sie noch obendrauf. Sie wog nur noch 3,4 kg. Kaum zu Haus, fing sie an zu fressen – mein Gott, was war ich erleichtert!

26. Mai, Dienstag

War mit Trinity bei meinem Lieblingstierarzt. Meine Vereinschefin war natürlich auch da, denn wir hatten den Termin extra so gelegt, dass wir zu dritt sind, wenn wir über Trinitys Schicksal entscheiden. Nach der Untersuchung haben beide einstimmig gesagt, dass sie das Einschläfern absolut vertreten können. Wir können nichts mehr für die Maus tun; die tapfere Kriegerin, die Anfang des Jahres zwei Operationen überstanden hat, aber inzwischen so viel schreit und sich nicht mehr vernünftig putzen kann; schon gar nicht dort, wo es sein müsste.

Wir haben sie friedlich um 12:30 gehen lassen. Unter Tränen bin ich dann nach Hause gefahren. Habe sie daheim aufgebettet, damit sich die anderen Katzen von ihr verabschieden können.

18:00 war ich bei der Bestatterin. Wie immer möchte ich eine Einzelkremierung. Sie weiß das, sie kennt mich. Habe meine Süße ein letztes Mal gestreichelt und mit Küssen übersät. Es tut furchtbar weh.

27. Mai, Mittwoch

Es ist so still im Haus. Die anderen Katzen wirken auch viel ruhiger als sonst. Alle fünf waren um mein Bett herum versammelt, als ich aufwachte.

War mittags mit Nike beim Tierarzt. Sie hat etwas zugenommen. Und ein anderes Schmerzmittel hat sie bekommen; das erste mochte sie so gar nicht. Ich denke, sie ist auf einem recht guten Weg, da sie schon etwas fitter wirkt. Und eine Kotprobe von Pepe habe ich auch dagelassen: Der hat ja seit Tagen schon diesen merkwürdigen Stuhl.

Nachmittags bei meiner Igelfreundin gewesen. Wir haben zusammen Anja und Alma, die beiden Neuzugänge, behandelt. Zecken ziehen, Spritzen geben, solche Sachen. Die beiden haben sehr gut mitgearbeitet.

28. Mai, Donnerstag

Heute gleich zweimal unterwegs gewesen, in Sachen Tonschalen mit Wasser füllen: einmal auf dem Friedhof Blankenese und auf dem Rückweg noch auf dem Friedhof in meinem Nachbardorf. Wasser marsch!

03. Juni, Mittwoch
Gestern meine Igelfreundin angerufen, um mich aus
dem Kurzurlaub zurückzumelden. Da hatte sie auch
gleich die Idee, dass ich heute mit zum Tierarzt komme:
Kasper, ein Alt-Igel, soll eine Zahnreinigung
bekommen. Er frisst zwar viel, nimmt aber nicht zu.
Meine Freundin vermutet Capillaria, aber die Zähne
sind eine weitere Baustelle, die angegangen werden
muss. Während der Zahnreinigung entdeckte die
Tierärztin noch eine fette Entzündung im linken
Oberkiefer. Die Kotuntersuchung bestätigte zusätzlich
den Capillaria-Verdacht. Kaspers Behandlung wird also
eine längere Geschichte - so mit Antibiotika und
anderen Mitteln.
Abends war dann noch das Treffen mit Frau S. aus
Rellingen (siehe 9. Mai), wo es um den Kater ging. Hab
ihr gesagt, sie soll endlich eine Entscheidung fällen,
statt sich ständig im Kreis zu drehen. Dieses Hin und
Her tut dem Kater auch nicht gut. Außerdem habe ich
das Gefühl, dass der Kater nur vorgeschoben wird.
In Wirklichkeit geht es doch wohl eher um die
Beziehungsprobleme mit ihrem Mann.

05. Juni, Freitag
Nach Niedersachsen gefahren. Dort war Gründung
eines neuen Igel-Vereins. Ich bin nun Gründungs-
mitglied. Damit kann ich gut leben, da das ein sehr
guter Verein ist. Natürlich haben wir auch viel über die
Probleme der Igel gesprochen, die dieses Jahr noch
mehr geworden sind: Dürreperioden oder schwere
Verletzungen durch Geräte wie Rasentrimmer oder
Mähroboter. Zusätzlich fehlt es vielerorts an
kompetenten Pflegestellen und igelkundigen Tierärzten.

06. Juni, Samstag
Habe mich mit Tierschützern in meinem Umkreis
getroffen; zwecks Vernetzung. Wir kannten uns noch
nicht; das soll sich nun ändern. Die machen auch schon
lange Tierschutz und haben die gleichen Probleme wie
der Rest von uns: zu wenig Ehrenamtliche. Und die, die
da sind, sind alle schon älteren Semesters. Jüngere
Leute rücken leider kaum nach. Außerdem gibt es zu
wenig Männer, die beim Tierschutz mitmachen. Wir
werden auf jeden Fall in Kontakt bleiben und
voneinander lernen.
Im Igel-Telefon brummt es auch schon wieder,
besonders zum Abend hin. Auffällig ist, dass aus einer
Ecke besonders viele Notrufe kommen: Köln-Bonn-
Dortmund-Krefeld. Liegt es an der dichten Besiedelung
oder was ist dort anders als anderswo?

09. Juni, Dienstag
Die Temperaturen steigen weiter, und Regen gibt es
auch nicht genug. Also wieder zum Friedhof
Blankenese und dem in meinem Nachbardorf, um
Tonschalen mit Wasser zu füllen. Das werde ich dieses
Jahr wohl noch sehr häufig machen müssen.
Meine Igelfreundin rief auch an. Sie erstickt in Igeln,
die auch alle mehr oder weniger schwierige
Behandlungen vor sich haben. Sie meldet sich wieder.
Sie klang wirklich sehr erschöpft. Ich bot ihr meine
Hilfe an, doch sie meinte, sie müsse erst mal eine Art
Grund in die Sache bringen, bevor ich ihr nützen
würde. Etwas frustrierend für mich, aber ich weiß
natürlich, dass das sehr vernünftig gedacht ist von ihr.

11. Juni, Donnerstag

Der heutige Tag stand ganz im Zeichen der Mädels: erst habe ich die Asche von Trinity abgeholt, die ja während meines Kurzurlaubs kremiert worden war. Nun ist die Maus wieder zu Hause. Schön! Dann habe ich auf dem Rückweg in Elmshorn noch eine Digitalwaage gekauft, um Nike (und natürlich auch alle anderen Tiere hier) wiegen zu können. Nike wog heute 3,3 kg. So ein Riesenmist! Also werde ich sie in drei Tagen nochmal wiegen, und wenn das Gewicht dann immer noch nicht besser ist, geht es ab in die Klinik.

Frau L. aus Dockenhuden schrieb wieder: Ihre Katzen würden den Freigang genießen, und bis jetzt sei die Situation sehr entspannt. Gut.

15. Juni, Montag

Heute war Nikes Tag in der Klinik. Nein, man könne nichts feststellen und vermutet eine chronische Entzündung. Sie bekam ein Antibiotikum, Entzündungshemmer und Appetitanreger. Na, dann werde ich sie in zwei Tagen nochmal wiegen. Nachmittags war ich bei meiner Igelfreundin. Sie hat noch ein paar Igel, die kompliziert sind, sagt sie. Es ging viel um Bauchfellentzündungen und dass die Behandlung nicht so einfach sei. Dann haben wir noch „Stachelritter" gespielt, denn ich wollte wissen, ob es inhaltlich korrekt ist (ganz wichtig!) und ob es meiner erfahrenen Igelfreundin auch Spaß macht. Ja, das tut es. Ein paar wertvolle Tipps hat sie auch noch gegeben. Das Spiel nimmt immer mehr Gestalt an. Ein kleiner Lichtblick in der trüben Corona-Zeit.

19. Juni, Freitag
Meine bestellte Wildtierkamera ist gekommen! Hab sie gleich in Betrieb genommen. Was bin ich gespannt, wer morgen früh auf dem Bildschirm erscheint! Die Kamera steht direkt gegenüber vom Igel-Restaurant.

20. Juni, Samstag
Herrlich! Die Kamera hat mehrfach ausgelöst, und ich habe mindestens zwei verschiedene Igel ausmachen können. Und einen fetten Kater. Wahrscheinlich der Graue von gegenüber. In das Igel-Restaurant kann er nicht, aber er wird sich an der Trockenfutterstation bedient haben, die ich extra für Streuner im Carport eingerichtet habe.
Außerdem war ich mit meiner Igelfreundin unterwegs. Wir haben wieder einen Igel ausgewildert, dessen Therapie abgeschlossen ist.

22. Juni, Montag
Wieder mit Nike in die Klinik zur Kontrolle. Ihr Gewicht ist in den letzten sieben Tagen nur ganz leicht gestiegen. Immerhin nicht gesunken, aber das reicht trotzdem nicht! Jetzt bekommt sie noch ein Langzeit-Antibiotikum. In zwei Wochen soll ich wiederkommen.

23. Juni, Dienstag
Heute bin ich ziemlich weit gefahren, um einen Igel aus einer Tierarztpraxis zu holen, die das Tier sonst auf eine Pflegestelle gegeben hätte, die nicht behandeln, sondern nur päppeln kann. Das wäre bei diesem Igel aber fatal: Er hat nämlich einen riesigen Abszess auf dem Rücken. Abszesse müssen geöffnet, gespült, täglich versorgt und mit Antibiotika behandelt werden.

Meine Igelfreundin hat sich den Igel genau angeguckt, ihn versorgt und mir einen Behandlungsplan erstellt. Das ist nun mein erster „komplizierter" Igel, aber meine Freundin überwacht das Ganze natürlich. Da kann mir und dem Igel gar nix passieren.

24. Juni, Mittwoch
Heute Morgen war ich ziemlich verzweifelt: Das mit dem Abszess-Spülen klappte so gar nicht! Zur Beruhigung erstmal zum Friedhof im Nachbardorf, um die Wasserschalen aufzufüllen. Dann zweiter Versuch: juhuu, es klappt! Mir fällt ein Stein vom Herzen.
Wir haben überlegt, ihn Buddha zu nennen, weil er so ein gechillter Igel ist. Erst Alfred, jetzt Buddha. Ja, ich vergebe die Namen nach dem Alphabet, damit eine Art Ordnung in die Sache kommt.

25. Juni, Donnerstag
Gleich nach dem Aufwachen zuerst nach Buddha geguckt: Er hat alles aufgefressen, wie schön. Nachmittags noch auf dem Friedhof Blankenese gewesen (Wasserschalen) und abends noch mit Buddha zum Tierarzt, um sicher zu gehen, dass ich alles richtig mache. Der Tierarzt meinte, dass ich das mit der Wundspülung lieber lassen soll, da Buddha von innen total „unterhöhlt" sei. Das müsse von innen heilen. Also weiter mit Schmerzmittel und Antibiotika.

26. Juni, Freitag
Buddha nimmt fantastisch an Gewicht zu. Sein Abszess scheint auch langsam zu heilen. Er ist so artig!

29. Juni, Montag

Mit Buddha beim Tierarzt gewesen, um noch mehr Antibiotika zu bekommen. Danach bin ich mit ihm zu meiner Igelfreundin, damit sie auch noch mal guckt. Sie hat ihn akribisch untersucht und dann entsetzt festgestellt, dass Buddha an der Seite noch einen weiteren Abszess ausbrütet. Sie hat sich den Tierarzt vorgeknöpft, denn das hätte er sehen, beziehungsweise fühlen müssen. Meine Igelfreundin (und nicht nur sie) beklagt, dass viele Tierärzte von Igeln zu wenig verstehen und gleichzeitig den erfahrenen Pflegestellen nicht genügend vertrauen. Das Gute ist, dass meine Igelfreundin mit ihrer Expertise so bekannt ist, dass unsere hiesigen Tierärzte ihre Diagnosen eher nicht anzweifeln.
Es gibt am Igel schließlich fast nichts mehr, was sie nicht schon gesehen und behandelt hätte.

30. Juni, Dienstag

Heute durfte ich bei meiner Hausbank Flyer und ein paar „Katerstimmungen" zwecks Verkauf dalassen. Die haben im Vorraum so eine Art Kulturecke, wo man seine Werke (so wie Bücher und Bilder, zum Beispiel) zur Schau stellen darf. Viel wird es nicht bringen, aber ein bißchen Werbung kann nicht schaden.

03. Juli, Freitag

Meine Igelfreundin kam zu Tee und Kuchen und hat Buddha durchgecheckt. Sie ist sehr zufrieden mit ihm. Doch der zweite Abszess muss bald gespalten werden, sagt sie. Also Termin beim Tierarzt gemacht, für nächste Woche. Natürlich wird meine Igelfreundin dabei sein und das ganze Prozedere überwachen.

07. Juli, Dienstag
Mit Nike in der Tierklinik gewesen. Sie wiegt 3,51 kg.
Das ist immer noch zu wenig, also Convenia
nachspritzen lassen. Das war das einzige, was bisher
geholfen hat. Kaum wieder zu Hause, sah ich, dass
Ramses humpelt. Hört das denn hier nie auf?
Nachmittags war Testspielen von „Stachelritter": Und
zwar das erste *offizielle* Testen außerhalb meines
Hauses, wenn man von meiner Igelfreundin absieht.
Heute also mit zwei Freundinnen gespielt. Das lief
schon recht gut (es wurde viel gelacht), doch die
Baustellen sieht man halt auch. Das ist völlig normal in
dieser Phase.

08. Juli, Mittwoch
Heute war Buddhas großer Tag. Er wurde narkotisiert,
und dann haben wir uns alle über ihn gebeugt: Die
Tierärztin, meine Igelfreundin und ich. Der Abszess
war überreif und ging sofort auf. Er wurde gleich
gespült und dem Buddha ein Antibiotikum gespritzt.

09. Juli, Donnerstag
Gar nicht so einfach, Buddha im Wach-Zustand zu
spülen! Dieser neue Abszess befindet sich auf der
Bauchseite, knapp unterhalb des Ringmuskels. Igel
haben es gar nicht gern, wenn man sie da anfasst und
rollen sich sofort ein. Das war vielleicht ein Gedrehe
und Geschiebe, bis ich die Kanüle in der Wunde
versenken konnte. Ach Mensch, Buddha, ich will dir
doch nur helfen!

11. Juli, Samstag
Friedhof Blankenese: Wasserschalen.

12. Juli, Sonntag
Bin mit Buddha zu meiner Igelfreundin. Sie hat ihn von
allen Seiten beguckt, die Wunde gespült und ein
Wurmmittel gegen Lungenwurmlarven gegeben. Sie ist
sehr zufrieden mit Buddhas Zustand. Der alte Abszess
auf dem Rücken ist inzwischen fast ganz zugeheilt; da
müssen wir nichts mehr machen. Sein Gewicht mit
1.100 Gramm ist auch sehr gut. Er nimmt gemächlich,
aber stetig weiter zu. Alles in allem scheine ich doch
eine Menge richtig gemacht zu haben. Prima.
Ramses humpelt nicht mehr. Auch sonst ist er wieder
besser drauf. Noch mal Glück gehabt.
Nike scheint auch die Kurve zu kriegen. Convenia sei
Dank!

14. Juli, Dienstag
Meine Igelfreundin war heute hier, zu Tee und Kuchen.
Naja, und natürlich wegen Buddha. Sie hat ihn
kontrolliert und befunden, dass alle Wunden zu sind.
Also kein Spülen mehr. Dafür aber noch zweimal
Antibiotika, um ganz sicher zu gehen. In ein paar Tagen
darf er dann endgültig raus. Er wiegt inzwischen auch
über 1.100 Gramm. Jetzt geht es doch auf einmal ganz
schnell. Er wird mir fehlen, der pieksige Klops.

15. Juli, Mittwoch
Nike frisst sehr schlecht und spuckt seit vorgestern
mehrmals am Tag. Und zwar so durchsichtige Pfützen.
Habe Cimetidin in ihr Futter gemischt. Lässt sie stehen.
So ein Mist.

Ich sehe mich nächste Woche schon wieder mit Nike in der Klinik. Vielleicht doch noch mal ein Bluttest? Habe schweren Herzens beschlossen, aus dem Igel-Telefon auszusteigen. Ich habe einfach zu viele Probleme hier gerade. Meine Stimmung wird auch immer schlechter, da ich meine Familie seit Monaten nicht mehr gesehen habe. Passiert mir nicht oft, dass ich dermaßen deprimiert bin, aber heute ist es einfach so.

18. Juli, Samstag
Mit viel Wehmut haben wir nachmittags Buddha ausgewildert. In unserem Garten. Feierlich standen ich, mein Mann und meine Igelfreundin um Buddhas Schlafkarton herum. So wie schon bei Alfred stand der Karton genau gegenüber von dem Igel-Restaurant, das ich natürlich mit einer herrlich duftenden Mischung aus Katzennassfutter und Rührei gefüllt habe. Damit Buddha sofort weiß, wo er hin muss, wenn ihn der Hunger packt. Ich werde ihn durch die Wildtierkamera verfolgen – hoffe ich.
Nike geht es etwas besser. Sie frisst zumindest gern das Kittentrockenfutter. Die Bröckchen sind auch kleiner als die vom normalen Katzenfutter; vielleicht liegt ihr das eher. Ich tippe ja immer noch auf irgendwas mit den Zähnen, so wie sie die Schnauze verzieht, wenn sie frisst. Aber keiner meiner Tierärzte hält etwas von meiner Theorie. Naja, Hauptsache sie frisst. Ansonsten wirkt sie völlig normal und ist auch nach wie vor sehr agil für ihr Alter. Immerhin ist sie schon 14 Jahre alt, mein kleines Baby. So nenne ich sie, seit sie 2008 bei mir eingezogen ist.

19. Juli, Sonntag
War heute „Stachelritter" testspielen in einem
Spielecafé. Ging recht gut, aber langsam muss ich mir
Kinder suchen, denn wenn es nur Erwachsene spielen,
teste ich an meiner Hauptzielgruppe vorbei. Ich hätte ja
schon viel weiter sein können, aber das mit dem Corona
zieht sich und zieht sich und zieht sich! Puh.

20. Juli, Montag
Die Wildtierkamera hat noch nichts aufgezeichnet.
Buddha ist wahrscheinlich schwer damit beschäftigt,
ein Weibchen zu finden. Es ist nun mal Paarungszeit
bei den Igeln. Aber irgendwann werde ich ihn auf der
Kamera haben; daran glaube ich ganz fest. Um ihn
wiederzuerkennen hatte ich ihm (mit Acrylfarbe, in
grün) ein „B" auf die Stacheln gepinselt. Dass man
Igel, die in Pflege waren, markiert, ist völlig normal.
Aber dass man Buchstaben aufmalt, wohl eher nicht.
Meine Igelfreundin hat etwas gequält geguckt.

24. Juli, Freitag
War bei meiner Igelfreundin zu Tee und Kuchen.
Bevor ich wieder ging, habe ich meine Wildtierkamera
bei ihr aufgestellt. Bereits zum zweiten Mal. Beim
ersten Mal (vor einem Monat) hatte ich die Cam an
ihrem Futterhaus bei der Haustür platziert. Heute wollte
sie wissen, wer sich alles an den Futterhäusern auf der
Terrasse bedient.

26. Juli, Sonntag
Meine Igelfreundin kam zum Gegenbesuch.
Wir schauten uns die Videoclips der Cam auf dem
Computer an. Es sind 26 Aufnahmen geworden!

Allerdings müssen wir vier abziehen, wegen
Schummelei. Da ist nämlich ihr Kater drauf, der sich da
auch nachts rumdrückt. Ich bin ein bißchen neidisch:
Bei meiner Igelfreundin ist die ganze Nacht schwer was
los. Mal der eine, mal der andere Igel. Besonders
zwischen ein und vier Uhr sieht man etwa alle
Viertelstunde einen in eins der Futterhäuschen
verschwinden. Trotz Nachtmodus kann meine Freundin
die Igel fast alle voneinander unterscheiden. Unfassbar.

27. Juli, Montag
Sollte ein ganz ruhiger, normaler Tag werden. Daraus
wurde nichts. Gegen 11 Uhr klingelte es: eine Kollegin
aus dem Igel-Telefon war dran. Sie fragte, was sie
machen soll. Sie hatte eine Igel-Finderin am Hörer,
etwa zehn Kilometer entfernt von mir. Die hat einen
Igel mitten auf der Straße liegend und schwer atmend
gefunden. Ich hab sofort meine Igelfreundin angerufen,
denn es schien sich um einen Intensiv-Patienten zu
handeln. Ja, ich könne kommen. Also fuhr die Igel-
Finderin zu mir (11:30), und ich fuhr zu meiner
Igelfreundin (12:00), und wir versorgten das Tier. War
eine Alt-Igelin mit 553 Gramm, also viel zu leicht. Nur
Haut und Knochen. Sie hatte eine Entzündung im Maul
und außerdem eine sehr schwere Lungenentzündung.
Wir spritzten Schmerzmittel und ein Antibiotikum.
Meine Igelfreundin holte alles mögliche aus ihrem
Maul heraus, was da nicht hingehört und machte auch
noch eine Maul-Spülung. Dann flößten wir ihr ganz
vorsichtig etwas Wasser ein.
Um 13 Uhr machte sie ihren letzten Atemzug. Es war
einfach schon zu spät. Nachts haben wir sie an einem
schönen Ort begraben.

Mit einer Blume. Und einem Namen.
Ich bin total traurig. Komm gut über die
Regenbogenbrücke, kleine Celeste. Es tut mir so leid,
dass wir dir nicht helfen konnten.
Abends noch mit Frau S. aus Rellingen getroffen. Das
ist die mit dem Kater und den Beziehungsproblemen.
Erst wollte ich gar nicht los, doch die Ablenkung tat
mir ganz gut: anderer Mensch, andere Probleme.

29. Juli, Mittwoch
Auf meiner Cam sind endlich wieder Igel drauf. Gott
sei Dank.
Meine Igelfreundin hat mir vorhin einen Text
reingereicht, den sie von mir „schöngeschrieben" haben
möchte. Es geht dabei um ein Schreiben an eine große
Umweltorganisation, die in Zeitungsberichten darum
bittet, dass man Igel, die tagsüber gesichtet werden,
laufen lassen soll, denn „die gehören in die Natur".
Darüber sind meine Igelfreundin und auch andere
Igelpflegestellen zu Recht sehr erbost, denn dadurch
werden Igel, die Hilfe brauchen, nicht von Findern
eingesammelt. Und jeder Igel, der tagaktiv ist, muss
eingesammelt und durchgecheckt werden! Eine seltene
Ausnahme bilden säugende Weibchen, die man nur im
Notfall kurz anschaut oder behandelt. Säugende
Weibchen müssen umgehend wieder an ihren Fundort
zurück, sonst sterben ihre Babys im Nest. Bei schweren
Verletzungen muss man die Igelmutti und ihren
gesamten Wurf mitnehmen. Das ist nicht einfach und
sollte am besten von Igelprofis gemacht werden. Laien:
bitte Hände weg.

01. August, Samstag
Meine Igelfreundin ist da, um mit mir den korrigierten
Text durchzukauen. Ja, so kann er bleiben. Ich ging
übrigens nicht davon aus, dass wir eine Reaktion
bekommen - und genau so kam es auch!

10. August, Montag
Extreme Hitze heute! Bin im Urlaub und bestücke auch
hier den Friedhof mit Wasserschalen für Wildtiere.
Nachmittags halte ich dann ganz spontan einen
„Vortrag" über Igel als bedrohte Tierart im örtlichen
Planetarium. Die Leiterin des Planetariums ist nämlich
auch eine Igel-Freundin! Der Vortrag über den
Sternenhimmel kam dann direkt im Anschluss, mit
Schwerpunkt „Perseiden".
Das sind die Sternschnuppen, die immer an diesen
Tagen im Jahr am Nachthimmel zu sehen sind.

12. August, Mittwoch
Gab ein Wiedersehen mit dem Bärenwald Müritz in
Mecklenburg-Vorpommern! Vor zwei Jahren war ich
schon mal zu Besuch, um ein Kapitel über die Bären
für mein Tierschutzbuch „Pfotenengel" zu schreiben.
Heute bin ich hier, um meine Bücher auf Kommission
dazulassen. Ich wünschte, die Zeit wäre nicht so knapp
gewesen. Wir hätten uns noch so viel zu erzählen
gehabt. Muss ich halt bald wiederkommen.

19. August, Mittwoch
Vormittags kam ein Anruf aus dem Nachbardorf:
mindestens drei Kitten sind im Gebüsch gefunden
worden. Ein viertes ist noch abgängig. Also sofort los
und die drei gesichert.

Dann sind wir noch durchs Gebüsch gekrochen, um das vierte zu finden. Leider vergeblich. Zu Hause dann die Erstversorgung der drei Wildlinge gemacht. Man ruft mich an, sobald das vierte auftaucht. Woher die kommen ist auch klar: Da ist ein großer Bauernhof ganz in der Nähe, wo ich mit meinem Katzenschutz-verein letztes Jahr schon Wildlinge zum Kastrieren gefangen hatte. Zu dem Zeitpunkt war uns schon klar, dass das noch nicht alle Katzen waren. Damals hatten wir 15 gefangen, mit dem mulmigen Gefühl, dass noch welche fehlen. Aber die Besitzerin war wenig kooperativ. Und das Ergebnis steht jetzt bei mir im Gästezimmer.
Habe die Lütten mit Futter und Wasser versorgt. Die werde ich später dem Tierheim überstellen. Zwei Stunden später ruft der junge Mann wieder an: das vierte Kitten ist gefunden! Na, dann her damit. Also fuhr ich mit vier wilden Kitten zum Tierheim. Macht´s gut ihr Kleinen. Ihr könnt ja nichts dafür.

20. August, Donnerstag
Heute „Stachelritter" endlich bei einer Familie mit Kind probegespielt. Das kam sehr gut an. Der Sechs-jährige meinte, das sei das schönste Spiel, das er je gespielt hat. Ich hätte heulen können vor Freude!

22. August, Samstag
Vormittags zum Friedhof Blankenese, die Wasserschalen auffüllen. Ansonsten war es tagsüber ruhig. Dafür wurde es spätabends um so interessanter: Gegen 21:30 kontrollierte ich das Igel-Restaurant und habe tatsächlich einen Igel dort drinnen sitzen sehen. Ohne Markierung. Also weder Alfred, noch Buddha.

Den Igel mit reingenommen und untersucht: keine Flöhe, keine Zecken, 930 Gramm und super artig. Ich habe ihn natürlich markiert (D wie Doron) und dann wieder rausgesetzt. Kaum setzte ich ihn ab, fand ich schon den nächsten Igel im Restaurant: auch ohne Markierung. Was ein Betrieb hier heute Nacht! Den auch mit reingenommen und untersucht: ebenfalls keine Parasiten, 920 Gramm, genauso artig und den auch markiert: E wie Ebo. Danach war Schluss. Habe aber auch nur bis 23:30 geguckt. Morgen probiere ich es glatt nochmal. Freue mich total, dass die so gut aussehen: unverletzt und schön rund. So wie ein gesunder Igel aussehen muss.

25. August, Dienstag
War gestern bei meiner Igelfreundin. Habe ihr stolz von Doron und Ebo erzählt. Und auch, dass ich den Abend drauf nochmal Doron im Igel-Restaurant gesehen habe und zur Krönung sogar Buddha auf dem Rasen, den ich gleich einkassierte. Er wog 1.140 Gramm und hatte vier Zecken, die ich ihm zog (davon eine im Ohr, igitt). Und sein B auf dem Rücken habe ich auch nachgepinselt. Meine Igelfreundin hat mir bessere Acrylfarbe mitgegeben: die hält länger, meinte sie. Beim Markieren bepinselt man ein paar Stachelspitzen hinten am Rücken. Die Igel merken davon natürlich nichts. Heute Morgen hab ich nicht schlecht gestaunt, als ich die Cam auswertete: Eine Rangelei ist mit drauf! Zwei Igel, die sich gegenseitig wegschieben, bis einer sich einrollt. Der Sieger ging daraufhin ins Igel-Restaurant, um sich erstmal zu stärken.
Mit der Kamera wird es bei mir im Garten echt nicht langweilig!

26. August, Mittwoch
War heute in meinem Katzenschutzverein. Mit Chefin
alle Kassenbücher gemacht, Rechnungen eingepackt
und Kitten gefüttert. Drei Kitten, die aus einem Wurf
sind, kürzlich aufgefunden und zum Verein gebracht
wurden, habe ich mitgenommen. Die werden eine
Weile bei mir in Pflege sein. Sie sind etwa vier Wochen
alt, also keine Handaufzuchten mehr, sondern nur
füttern, bespaßen, beobachten und regelmäßig
entwurmen. Erstmal bleiben sie „auf Box", wie wir
sagen, um sich zu aklimatisieren. Nach ein paar Tagen
können sie dann in mein Arbeitszimmer umziehen, das
extra für Kitten eingerichtet ist. Bin gespannt, wie
meine fünf Großen auf diese lustige Truppe reagieren
werden. Ich habe immer einen Gruppennamen für die
Kitten, die ich aus dem Verein mitnehme. Letztes Jahr
hatte ich im Juni drei Männchen, die nannte ich „das
Herrengedeck". Und im Oktober hatte ich die „Kloster-
Kitten", die waren alle schwarz! Das ist der Wurf
gewesen, aus dem ich den Pepe behalten hatte, damit er
die älteren Katzen mal etwas in Schwung bringt. Diese
jetzt heißen nun „der flotte Dreier". Noch gehen mir die
Ideen nicht aus!

29. August, Samstag
Abends konnte ich Doron und Ebo einfangen. Ich habe
sie vorsichtig mit der besseren Acrylfarbe betupft und
sofort wieder rausgesetzt. Beide sahen super aus. Doron
hatte nur zwei Zecken, die ich ihm zog. Zecken ziehen
ist auch nicht immer einfach, jedoch bei Alt-Igeln recht
enspannt. Vor allem wenn es sich um größere Zecken
handelt. Bei Nymphen hingegen muss man sehr genau
hingucken, da sie noch sehr klein sind.

30. August, Sonntag
Heute Morgen beim Auswerten der Wildtierkamera
gesehen, wie gut die Acrylfarbe meiner Freundin auf
den Igeln leuchtet. Das dunkelblau strahlt so hell wie
die Kerzen am Weihnachtsbaum. Nun kann ich ganz
entspannt beobachten, wann welcher Igel wohin
unterwegs ist. Perfekt!
Abends nach Buddha geschaut. Er war aber nicht da.
Ebo dafür sogar zweimal gesehen.
Plötzlich saß ein ganz fremder Igel im Futterhaus. Ihn
mit reingenommen und untersucht. Ein Männchen,
extrem groß und rund. Eine Zecke hatte er im Gesicht,
von der er sich verabschieden durfte. Er bekam den
Buchstaben „F". Willkommen Faunus, und weiterhin
viel Glück dir bei uns im Garten!

31. August, Montag
Bin heute Nachmittag bei meiner Igelfreundin: Sie hat
fünf verwaiste Igelbabys bekommen, 16 Tage alt.
Ohren sind schon auf, aber Augen noch nicht. Ich
füttere auch eins. Als wir das letzte Igel-Baby zum
Füttern aus dem Karton heben, sehen wir, dass es zu
spät ist. Handaufzuchten in dem Alter sind leider immer
extrem kritisch.
Eine andere Igelfreundin steht eine Stunde später auf
der Matte: Sie fährt zwei Wochen in Urlaub und gibt
einen ihrer Igel in Pflege. Mit anderen Worten: *ich*
bekomme den Igel. Die schweren Abszesse, die er
hatte, sind schon verheilt. Allerdings zieht er ein
Hinterbein nach. Ich bekomme einen Plan, wann ich
was spritzen soll und nehme den Igel abends mit nach
Hause.

02. September, Mittwoch
Nachdem mein „Pflege-Igel" (Tippy, so taufte ihn das
Kind der Finderin) die erste Nacht bei mir nichts
gefressen hatte, war ich heute Morgen sehr erleichtert:
Die ganze Futterschale war leer. So ist es brav.
Ohne große Pause gleich weiter zu meiner Igelfreundin
gefahren, um ihr ein spezielles Milchpulver für die
Igelbabys zu bringen, was sie über mich bestellt hatte.
Leider war in der Zwischenzeit noch eins verstorben.
Jetzt gilt es, die restlichen drei durchzubringen, und das
geht am besten mit hochwertiger Aufzuchtsmilch.
Daumen drücken!
Spätabends traf mich dann noch fast der Schlag: Beim
Rundgang durch den Garten einen weiteren Igel
entdeckt, der unmarkiert war und sich am Futter
bediente. Den gleich reingenommen und durchgeguckt:
keine Ektoparasiten. Und gewogen: 1.600 Gramm. Ein
Mutterschiff von einem Igelmann! Nun denn, herzlich
willkommen, Gandhi.

07. September, Montag
Heute einen totgefahrenen Igel auf der Straße gefunden.
Quasi fast direkt vor unserem Haus. Er hatte keine
Markierung, also war er wohl keiner von meinen
Stammgästen. Trotzdem bin ich sicher, dass er auf dem
Weg zu meinem Igel-Restaurant war. Habe ihn
aufgesammelt und neben Celeste beerdigt. Wieder ein
Igel weniger. Das trifft mich immer hart.

10. September, Donnerstag
Gestern Abend beim Spazierengehen noch einen
überfahrenen Igel gefunden. Auf der anderen Seite
unseres Dorfes, also weit weg von unserem Haus.
Trotzdem: man merkt, es wird Herbst. Die Igel
kommen nun früher heraus – zu Zeiten, wo halt noch
viele Autos auf der Straße sind.
Pflege-Igel Tippy geht es recht gut. Zumindest nimmt
er anständig zu (der ist aber auch verfressen!) und
kratzt an der 1.000 Gramm Marke. Allerdings
beschleicht mich das Gefühl, dass er einen weiteren
Abszess (hinten links) ausbrütet. Da ist so eine
komische Beule. Meine Igelfreundin wird sich das am
Montag mal genauer ansehen. Sollte ich daneben
liegen, wird er zeitnah nächste Woche ausgewildert.
Dem „flotten Dreier" geht es auch hervorragend. Die
Kitten nehmen alle sehr gut zu und sind sowas von
niedlich! Sie spielen, raufen, machen erstaunlicher-
weise überhaupt keinen Dreck (das kenne ich auch
anders!), und sogar Pepe interessiert sich inzwischen
für das drollige Treiben. Das freut mich sehr – hat er
doch die Kleinen anfangs tatsächlich angefaucht. Nike
ist sowieso (wie immer) völlig entspannt mit den
Kitten. Titus, Ramses und Monk hingegen interessieren
sich nicht die Bohne für die Mikro-Flauschbälle.

14. September, Montag
Meine Igelfreundin war da und hat Tippy unter die
Lupe genommen. Sie hat ihn auch auf dem Rasen ein
Stück laufen lassen, um zu sehen, ob er das linke
Hinterbein noch nachzieht. Sie ist zufrieden. Der Igel
scheint komplett genesen. Also werden wir uns
Mittwoch, zwecks Auswilderung, auf den Weg machen.

Heute Abend wieder auf „Igel-Pirsch" gewesen. Naja, eigentlich will ich ja nur Buddha einfangen, um ihn mit der guten Acrylfarbe nachzupinseln, doch stattdessen sind mir Gandhi und Doron ins Netz gegangen. Gandhi war wie üblich schon sehr früh an der Trockenfutterstation und haute sich den Wanst voll. Ich habe ihn gewogen: 1.800 Gramm. Um Himmelswillen! Wie schwer wird der denn noch? Ektoparasiten hatte er keine. Zwei Stunden später fand ich dann Doron an der gleichen Stelle. Auch er hat etwas zugenommen, und eine fette Zecke hatte er am Bauch sitzen, die ich ihm freundlicherweise abnahm. Doron ist immer so entspannt – ein Traumigel.

15. September, Dienstag
Heute Abend nur „random" mal rausgegangen, um nach Igeln zu gucken, und wer saß da übers Trockenfutter gebeugt? Buddha! Wir haben uns riesig gefreut! Zecken oder Flöhe fand ich nicht bei ihm, dafür stolze 1.366 Gramm, die die Waage anzeigte. Noch schnell frisch markiert, dann durfte er sofort wieder raus. Wie schön, dass es ihm gut geht!

16. September, Mittwoch
Mit meiner Igelfreundin heute Tippy ausgewildert, bei einer anderen Igelfreundin, die - fernab von Strassenverkehr - im Grünen wohnt. Tippy geht mit 1.065 Gramm in seine wohlverdiente Freiheit.

19. September, Samstag
Gestern und auch heute war ich wieder auf Friedhöfen unterwegs, um Wasserschalen aufzufüllen. Es hat seit Tagen nicht geregnet.

Ich vermute, dass ich nächste Woche meine letzten Runden über die Friedhöfe drehen werde. Dann ist Winterpause, sprich, es wird hoffentlich genug regnen. Bis zum Frühling haben die Friedhöfe dann Ruhe vor mir.

21. September, Montag
Bei meiner Igelfreundin gewesen. Sie zieht schon wieder Igelbabys auf. Eins davon ist ganz weiß, eine Igelin mit Namen Bianca. Bianca „paddelt" aber, also läuft nicht richtig, und meine Igelfreundin überlegt, was man da tun kann.
Meine Igel kommen seit ein paar Tagen gar nicht mehr an die Futterstellen. Außer Gandhi natürlich. Ob die sich schon auf den Winterschlaf vorbereiten? Genug Gewicht hätten sie ja alle. Nun hoffe ich, dass noch ein paar Weibchen vorbeikommen. Igelweibchen gehen etwas später in den Winterschlaf, da sie sich ja erst um ihren Nachwuchs kümmern müssen.
Dem flotten Dreier geht es prächtig! Alle wiegen über 800 Gramm. Einer von denen hat mir meine Kopfhörerkabel durchgebissen. Grumpf!

23. September, Mittwoch
Heute ging der flotte Dreier zurück in unseren Verein. Das war vielleicht schwer für mich – die waren so unheimlich artig und niedlich. Die beste Truppe, die ich bisher hatte! Als wäre das nicht schon Kummer genug, habe ich auf der A23 bei der Rückfahrt auch noch ein Eichhörnchen überfahren. Wie ich das hasse, wenn ich nicht mehr ausweichen oder bremsen kann! Bei mir fährt die Angst, ein Tier zu überfahren, immer mit. Ganz besonders in der Dunkelheit.

Zu Hause dann erstmal das Arbeitszimmer aufgeräumt und gesäubert. Es ist so still auf einmal. Ich bin richtig traurig. Aber es muss ja sein. Nun also nach vorne gucken: Freitag zieht nämlich die hübsche Bianca ein. Genau, „Paddel-Bianca" - die weiße Igelin, die nun eine Weile mit diversen Mitteln gespritzt werden muss. Heute Abend noch schnell bei dem Friedhof im Nachbardorf rumgefahren, um Wasserschalen aufzufüllen. Da war nirgendwo auch nur noch ein Tropfen Wasser drin. Die armen Wildtiere! Gestern war ich auf einem anderen Friedhof gewesen und Montag auf dem Friedhof im Dorf meiner Igelfreundin. Überall das gleiche Trauerspiel. Wenn doch nur jeder, der mal auf einen Friedhof geht, wenigstens eine Schale auffüllen würde. Ich kann doch nicht überall sein.

25. September, Freitag
Am Nachmittag kam meine Igelfreundin mit Paddel-Bianca bei mir an. Ich habe ihr ein Gehege in meinem Arbeitszimmer eingerichtet, denn sie muss es warm haben. Wir haben sie auch kurz im Garten „paddeln" lassen – meine Freundin runzelte die Stirn. Bianca benutzt ihre Hinterbeine fast überhaupt nicht. Nun muss ich ihr jeden Tag eine Spritze geben.
Ganz unerwartet bekam ich dann kurz nach 19 Uhr noch Besuch: Eine Tierarztpraxis im Raum Bad Segeberg hat an mich verwiesen, als eine junge Frau mit einem Igel bei ihnen auftauchte, der einen Sturz erlitten hatte. Ich habe ihn gewogen und sorgfältig durchgeguckt. Es ist eine Igelin mit 328 Gramm. Ansonsten keine Verletzungen und auch keine Ektoparasiten. Puh, Glück gehabt.

Sie bleibt zur Beobachtung hier, und ich bleibe mit der Finderin in Kontakt. Denn nach der Päppelei werde ich die Igelin bei der Finderin am Fundort wieder auswildern. Am besten mit gesichertem Winterschlaf, denn sie ist noch sehr klein und muss überwacht werden. Nun habe ich also zwei Igel-Damen im Arbeitszimmer, Seite an Seite.

27. September, Sonntag
Die Igelinnen machen sich hervorragend! Beide nehmen kräftig zu. Die Igelin von gestern habe ich Haifa getauft, denn ich bin schon bei H angelangt. Noch eine Sensation: „Stachelritter" wird getestet und heute sogar mit zwei Kindern am Start! Hat sehr viel Spaß gemacht, und auch diese Familie möchte das Spiel unbedingt kaufen, sobald es produziert ist. Stark! Solche Momente sind so dankbar und motivieren doch sehr, in der eher kargen Corona-Zeit.

28. September, Montag
War mit Nike beim Tierarzt. Immerhin hat sie etwas zugenommen und wiegt 3,8 kg. Aber sie hat einen Hefepilz im Ohr. Heißt also Ohrentropfen. Na, das kann ja heiter werden. Nike ist nicht bekannt dafür, dass man ihr irgendetwas mal eben so verabreichen kann. Schon gar nicht, wenn dafür Körperkontakt nötig ist.
Das tägliche Spritzen von Paddel-Bianca erweist sich ebenfalls als immer schwieriger. Sie faucht und hüpft, sobald man sie auf das Behandlungskissen setzt. Mal sehen, ob meine Igelfreundin morgen einen guten Trick für mich parat hat, wie man Bianca die Behandlung angenehmer machen kann.

29. September, Dienstag

Meine Igelfreundin war da, zwecks Inspektion der Igel-Damen. Mit welcher Leichtigkeit sie Igel wie Bianca anfasst, und wie wenig sie sich von der Faucherei und Hüpferei beeindrucken lässt, Wahnsinn. Sie kann auch in aller Seelenruhe Haifa ein wenig Dreck von der Nase zupfen, ohne dass die Igelin ihr das krumm nimmt. Ich muss noch viel gelassener werden! Meine Igelfreundin möchte, dass ich Haifa mal bade.

Apropos Gelassenheit: Mein Mann hat sich abends Nike geschnappt, und ich habe ihr die Ohrentropfen in die Ohren geträufelt. Das ging so schnell, dass Nike gar nicht mehr reagieren konnte. Hoffentlich klappt das jeden Tag so gut.

30. September, Mittwoch

Haifa hatte heute ihren Badetag. Meine Güte, kam da ein Dreck heraus! Sie hat überhaupt nicht gezuckt, sondern lag ganz ruhig in der Schüssel. Das sieht immer super süß aus, wenn Igel im Wasserbad liegen. Aber ohne Grund soll man Igel nicht baden, denn das ist purer Stress für sie. Gründe zum Baden sind zum Beispiel Bakterien, Pilz oder extremer Dreck.

Hatte übrigens die Wildtierkamera letzte Nacht draußen gehabt, um zu gucken, welche Igel überhaupt noch Interesse am Igel-Restaurant zeigen. Auf der Cam war nur eine Datei, und da war ein völlig fremder Igel drauf, um halb eins in der Nacht. Also einer ohne Markierung.

„Meine" Igel scheinen alle schon im Winterschlaf zu sein. Na dann, gute Nacht!

01.Oktober, Donnerstag
Meine Igelfreundin wollte, dass ich die Cam bei Bianca im Gehege aufstelle, um zu sehen, wie sie inzwischen läuft (sprich, ob sie noch paddelt). Wir hatten sie zwar vorgestern auf der Terrasse laufen lassen (wo sie sehr wohl noch paddelte!), aber meine Freundin meint, das sei nicht ausschlaggebend, da sie sich im Hellen eventuell anders bewegt, als im Dunkeln. Also habe ich das gemacht. Über 100 Dateien sind es geworden. Habe die rausgesucht, die Bianca am besten beim Laufen (oder Paddeln) zeigen und nehme am Montag meinen Laptop mit zu meiner Freundin.

02. Oktober, Freitag
Habe heute ein Kleintiergehege aus Neumünster abgeholt (ein eBay-Deal). Zu Hause gleich aufgebaut. Nun hat Haifa, die vorher in einer großen Box weilte, viel mehr Platz! Ich sollte mir unbedingt noch so ein Gehege kaufen, dann kann nämlich das Außengehege, in dem Bianca zur Zeit haust, wieder zurück auf die gesicherte Terrasse.
Beide Damen nehmen immer noch gut zu und wiegen inzwischen weit über 400 Gramm. Paddel-Bianca wird ab Montag entwurmt. Bei der Kotprobe kam heraus, dass sie ein ganz paar Darmhaarwurmeier hat. Meine Igelfreundin wird mir also Montag Wurmmittel mitgeben. Bis jetzt hatte ich echt Glück mit den Parasiten. Die meisten anderen Igelpfleger stöhnen über massiven Befall und dann auch nicht nur eine Sorte, sondern gleich das ganze Paket: Lungenwürmer, Darmwürmer, Saugwürmer, Kokzidien, Pilze, Milben und so weiter und so fort.

04. Oktober, Sonntag
Habe gestern Nacht die Cam noch einmal draußen
aufgestellt. Ob noch einer von meinen Igeln kommt?
Nein, es war wieder nur der fremde Igel. Er war von
1:00 bis 6:00 morgens immer mal wieder an den
Futternäpfen.
Glück muss man haben: Heute noch ein Gehege
(gleiche Größe, gleiches Prinzip) über eBay
bekommen. Hurra! Bianca ist auch sofort eingezogen
(worden). Und das Außengehege ist endlich wieder da,
wo es hingehört, nämlich draußen!

05. Oktober, Montag
War bei meiner Igelfreundin, um Medikamente für
Paddel-Bianca abzuholen. Sie wird nun fünf Tage lang
entwurmt. Außerdem muss sie nun die gleiche Kur
machen, die Tippy auch schon hat machen müssen.
Das wird wieder ein Spaß, wenn ich sie spritzen soll.
Aber das ist ihre letzte Chance, diese Paddelei
wegzubekommen.
Nike bekam heute das letzte Mal ihre Ohrentropfen. In
etwa einem Monat muss ich mit ihr zur Kontrolle, ob
der Hefepilz wiedergekommen ist oder nicht.

10. Oktober, Samstag
Mit „Stachelritter" geht es auch voran! Mein Grafiker
hat den ersten Entwurf für das Spielbrett gemacht und
auch schon ein paar Skizzen für die Ereigniskarten. Er
macht das so toll. Leider zieht sich das Testspielen mal
wieder sehr in die Länge, da öffentliches Spielen
inzwischen fast wieder unmöglich ist.
Heute Abend versucht, den fremden Igel abzufangen.
Und das hat tatsächlich beim ersten Versuch geklappt!

Ich war kurz nach 19 Uhr draußen, da saß er an der Trockenfutterstation. Also mit reingenommen und untersucht. Es ist ein Weibchen! Das ist wirklich schön, nach all den Männchen, die ich hier draußen habe. Sie wog 943 Gramm, war sehr artig und hat überhaupt keine Ektoparasiten. Ich habe ihr ein „I" auf den Rücken gepinselt. Willkommen, kleine Ipanema!

11. Oktober, Sonntag
Heute zu den Findern von Haifa gefahren, um Haifa dort wieder abzugeben. Sie muss nun zu Ende gepäppelt werden, um dann in den gesicherten Winterschlaf zu gehen. Sie geht mit 550 Gramm. Ich habe den noch unerfahrenen Findern alles erklärt, das Gehege inspiziert und Futtertipps gegeben. Natürlich werde ich das alles akribisch überwachen und regelmäßig das Gewicht abfragen und mir Fotos schicken lassen. Hoffentlich klappt das alles mit Haifa über den Winter. Im Frühling, beim Auswildern, werde ich sowieso vor Ort sein. Und vorher werde ich Haifa wieder in meine Obhut nehmen, um eine Kotanalyse und die entsprechende Behandlung einzuleiten. Igel sollte man schon „sauber" auswildern, damit die Mühe, die man sich vor dem Winterschlaf gemacht hat, nicht umsonst war.
Die Finder von Haifa sind nur etwa 50 Autominuten von mir entfernt. Da kann ich auch schnell und kurzfristig hin, falls es nötig wird.
Und Testspielen mussten sie zwischendurch auch noch. Ich hatte natürlich „Stachelritter" mit. Sie fanden es gut und haben quasi schon eine Bestellung aufgegeben. Auch hier haben Kinder mitgespielt. Das war natürlich perfekt.

13. Oktober, Dienstag
Paddel-Bianca hat jetzt schon über 700 Gramm und ist auch nicht mehr so scheu. Kommenden Sonntag geht ihre Kur zu Ende, und dann nimmt meine Igelfreundin sie wieder mit, da ich ein paar Tage Urlaub habe. Wird wohl der letzte Urlaub dieses Jahr. Den brauche ich auch, denn wirklich Wegfahren war ja kaum möglich, aufgrund der Umstände.
Hatte letzte Nacht die Cam draußen, um zu sehen, ob Ipanema unterwegs ist. Doch auf der Cam waren nur drei Dateien mit Nebel drauf. Igel schwer zu erkennen. Also muss ich das wiederholen.

14. Oktober, Mittwoch
War heute bei meinem Katzenschutzverein in Nordfriesland. Haben die Kassenbücher gemacht und über die anstehende, jährliche Kastrationsaktion der Streuner gesprochen. Bewerbungen haben wir schon einige. Das ist auch gut so, denn das Elend der sich ständig vermehrenden Hofkatzen ist echt übel. Direkt nach meinem Urlaub bin ich dann hoffentlich auch beim Fangen dabei.
Danach gleich weiter zu meinem Grafiker, in Sachen „Stachelritter". Haben über die Verbesserungen des Spielbretts und die Zeichnungen für die Ereigniskarten gesprochen. Und noch eine Runde „Katerstimmung" gezockt. Er hat gewonnen. Ich, als Erfinder des Spiels, gewinne sowieso nie.
Abends die Cam ausgelesen: wieder ein Rätsel. Ein recht schmaler Igel (eine Datei) und ein größerer Igel (neun Dateien), der zwar markiert aussieht, aber nicht von mir! Ich kann meine Buchstaben auf den Igeln lesen. Dieser sieht aus wie in den Farbtopf gefallen.

Erschwerend kam hinzu, dass die Cam arg geschaukelt hatte, aufgrund von starkem Wind. Man konnte schon vom Gucken seekrank werden. Also morgen die Cam nochmal raus – dann aber ins Carport, wo das Trockenfutter steht. Ich hoffe, dass ich dann Ipanema wiedersehe.

15. Oktober, Donnerstag
Nike lag am Abend plötzlich tot im Arbeitszimmer. Ich bin total fassungslos.

16. Oktober, Freitag
Titus hatte heute Morgen eine Art Anfall. Er ist ja schwer herzkrank. Er spuckte mehrmals, dann konnte er die Hinterbeine nicht mehr bewegen. Und er schrie! Mit ihm sofort zur nächstliegenden Tierarztpraxis. Das musste echt schnell gehen, denn er hatte garantiert starke Schmerzen! Die Tierärztin faselte etwas von Blutgerinseln und konnte ihn nur noch erlösen. Ich weiß nicht, was hier gerade für ein Film abläuft: Ich habe innerhalb von 12 Stunden zwei meiner Katzen verloren. Ich stehe komplett neben mir.

18. Oktober, Sonntag
Nachmittags zu meiner Igelfreundin, mit Paddel-Bianca. Sie übernimmt sie jetzt wieder. 850 Gramm wiegt sie heute. Meine Freundin ist sehr stolz auf mich. Freut mich natürlich, nehme ich aber kaum wahr. Danach noch beim Friedhof angehalten und Wassernäpfe aufgefüllt. Damit ich auf andere Gedanken komme. Die kühle Luft und die Stille tun mir gut. Alles schmerzt in mir. Mein Herz brennt lichterloh.

19. Oktober, Montag
Ramses jault viel und schleppt seine Wolldecke quer
durch das ganze Haus. Das ist seine Art zu zeigen, wie
sehr er trauert. Er tut mir so leid. Ich schmuse noch
mehr mit ihm, als ohnehin schon. Monk und Pepe
wirken recht normal, Gott sei Dank.
Abends tatsächlich den unmarkierten Igel einfangen
können. Es ist eine Igelin mit 516 Gramm. Eine Zecke,
ein Floh. Zecke rausgemacht, Floh vernichtet und die
Dame mit einem „J" markiert. Willkommen, kleine
Jade!

25. Oktober, Sonntag
Heute Mittag aus vier Tage Kurzurlaub
zurückgekommen. Ich musste dringend mal weg von
hier. Habe ja Gott sei Dank eine exzellente
Katzensitterin, auf die ich mich 100 Prozent verlassen
kann. Auf dem Heimweg noch bei Haifa angehalten,
also bei den Findern von ihr, um zu schauen, wie es
läuft. Das Gehege ist soweit okay, aber die Finderin hat
Laub reingemacht. Also ihr nochmal erklärt, dass Laub
im Gehege nicht gut ist, da es unter anderem
Feuchtigkeit heraufbeschwört. Das funktioniert nur,
wenn Igel ihr Nest in der Natur selber bauen. Für die
Igel-Kurzzeitpflege ist normales Zeitungspapier für die
Schlafhäuser in den Gehegen am allerbesten!
Haifa frisst inzwischen weniger, erzählte die Finderin.
Vielleicht geht sie ja bald in den Winterschlaf.
Abends habe ich dann noch von unserem
Katzenschutzverein drei Kitten übernommen. Wie ich
das Trio nenne, weiß ich noch nicht. Sie niesen alle.
Vielleicht brüten sie einen Infekt aus? Heute lasse ich
sie erstmal in Ruhe!

26. Oktober, Montag
Es geht gleich weiter: Über meine Igelfreundin kam ein
Fund-Igel aus Quickborn zu mir. Soll sich um ein
Männchen handeln. Da ich rein rechnerisch nun bei
„K" bin, würde er dann Kelvin heißen. Er ist ganz
schön unruhig. Morgen schaue ich ihn mir genauer an.
Auch ihn lasse ich heute erstmal in Ruhe ankommen.

27. Oktober, Dienstag
Kelvin startet in meinem Pflegeprotokoll mit 460
Gramm. Soweit sieht er ganz fit aus. Zunehmen muss
er nun bis mindestens 600 Gramm. Dann kann er in das
Außengehege umziehen. Aber vorher muss ich
natürlich seinen Kot untersuchen lassen und sammle
schon fleißig. Für die Kitten gilt das auch. Sobald ich
weiß, dass sie keine Giardien haben, lasse ich sie aus
ihrem Gehege heraus. Die sind nämlich schon bei 1.000
Gramm und brauchen bald mehr Platz.
Nachmittags mit den Kitten beim Tierarzt gewesen. Er
hat mir Tropfen gegen ihre Erkältung mitgegeben.
Hoffentlich ist es kein Katzenschnupfen. Mal sehen,
wie die Medikamente anschlagen. Sie waren
unheimlich artig bei der Untersuchung. Vielleicht
nenne ich sie die Schnupf-Bande.

28. Oktober, Mittwoch
Heute Abend die Asche von Nike und Titus abgeholt.
Gerade zu Hause angekommen, fand ich einen
unbekannten Igel an der Trockenfutterstation. Also mit
reingenommen und untersucht. Ein Männchen, 604
Gramm, keine Ektoparasiten. Ihn mit einem „L"
markiert. Willkommen, kleiner Leander!

Kaum setzte ich ihn wieder raus, sah ich Jade an der Futterstelle. Bei meinen Draußen-Igeln herrscht also wieder Betrieb. Aber das sind jetzt nur noch die Jung-Igel. Bin gespannt, wann die schlafen gehen.

29. Oktober, Donnerstag
Hatte die Wildtierkamera gestern Nacht draußen. Leander war drauf zu sehen, gegen 22 Uhr. Die Cam hing über der Trockenfutterstation. Am Wochenende stelle ich sie nochmal neben das Igel-Restaurant. Nachmittags einen Kater anschauen gegangen. Eigentlich wollte ich – für Ramses – ein älteres, ruhiges Tier und nicht einen, der 2,5 Jahre alt ist. Doch er wirkte beim Kennenlernen sehr gemütlich, und daher beschloss ich, ihn erst mal zur Probe mitzunehmen. Eine Garantie, dass es mit den vorhandenen Katern funktioniert, gibt es ohnehin nicht, daher brauchte ich auch die Gewissheit, dass ich ihn zurückbringen darf, falls es zu schweren Krawallen kommt. Für heute habe ich ihn erstmal in ein Zimmer gesperrt, damit er in Ruhe ankommen kann.

30. Oktober, Freitag
Morgens wollte Piccolo (so heißt der Kater) unbedingt raus aus dem Zimmer. Ihn rausgelassen. Monk und Ramses waren wie gewohnt zurückhaltend, doch Pepe musste natürlich Grenzen testen. Das führte auch gleich zu einer Schreierei im Wohnzimmer. Dabei blieb es dann für heute, Gott sei Dank. Also wenn das klappt, dass Piccolo hier der Chef wird, wäre das fantastisch.

Dann muss Pepe nicht den Posten übernehmen, den er seit Titus´ Tod unbedingt haben will, aber eigentlich gar nicht ausfüllen kann. Dann könnte Pepe endlich wieder das sein, was ihm am besten liegt: der kleine, verspielte Kater.

31. Oktober, Samstag
Bis jetzt ist alles gut. Nachts hatte ich Piccolo wieder in das Zimmer gesperrt, damit keine nächtlichen Krawalle entstehen. Tagsüber war alles ruhig. Piccolo geht gern und viel auf die Terrasse. Soll er. Bei mir ist schließlich alles gesichert, und ich muss mir keine Sorgen machen, dass einer stiften geht oder überfahren wird.
Ein wenig Sorge bereitet mir allerdings die Schnupfbande: der Schnupfen ist zwar deutlich weniger geworden, aber sie nehmen einfach nicht zu. Es ist zum Verrücktwerden. Heute habe ich sie gründlich entwurmt. Nun muss es doch klappen!

01. November, Sonntag
Hatte die Wildtierkamera letzte Nacht draußen aufgehängt, direkt über dem Igel-Restaurant.
20:25 Jade. 23:03 Jade. 01:54 Jade. 02:37 Jade. 04:20 Jade. Aha. Letzte Nacht waren also Jade-Festspielwochen. Aber wo sind die anderen?
Den Piccolo hatte ich übrigens letzte Nacht nicht eingesperrt. Und das war kein Problem! Er hat mich sogar ein paar Mal im Schlafzimmer besucht. Die anderen waren entspannt. Gut, Feliway dürfte auch einen entsprechenden Beitrag geleistet haben.

02. November, Montag
Heute war eine junge Frau bei mir, die auch in unserem
Dorf wohnt und in einer Vogelauffangstation arbeitet.
Ich habe viel über Vögel gelernt und sie noch einiges
über Igel. Es ist immer gut, einen weiteren Tierschützer
in der Nähe zu wissen. Erst recht, wenn die Person so
unheimlich sympathisch ist. Ein sehr motivierender
Nachmittag war das! Aber die Krönung kommt noch:
Sie erzählte mir von einem sehr großen Igel, den sie bei
sich im Garten gesehen hat, der so einen komischen
blauen Kringel auf dem Rücken hatte, so ähnlich wie
die Zahl 6. Ich bin fast in die Luft gesprungen vor
Freude! Die 6, erklärte ich ihr, ist nämlich ein „G".
Gandhi ist also noch unterwegs und es geht ihm gut.
Hurra!
Auch erfreulich: die Kitten haben etwas zugenommen
und wirken deutlich vitaler.
Kurz nach 19 Uhr draußen noch einen unmarkierten
Igel herumschleichen sehen. Huch? Noch einer? Und
ich dachte, dass ich bereits alle Igel in meinem Dorf
kontrolliert und markiert hätte. Kleiner Scherz. Na,
dann werde ich den hoffentlich auch bald einfangen,
um ihn durchzuchecken.

03. November, Dienstag
Meine Igelfreundin war vorhin da. Sie sagt, ich kann
Kandis (ehemals Kelvin – ist nämlich ein Weibchen!)
ruhig ins Außengehege umsetzen, denn die
Nachttemperaturen von zur Zeit acht Grad kann sie gut
wegstecken. Kandis hat heute morgen 636 Gramm auf
die Waage gebracht. Dann darf sie morgen also als
Erste auf die überdachte Terrasse.

Habe meine Freundin nach Paddel-Bianca gefragt. Der geht es gut, sagte sie. Und fügte hinzu, dass Bianca wohl bald in den Winterschlaf gehen würde. Sie fräße kaum noch.

Wildtierkamera aufgestellt. Vielleicht filmt sie ja den unmarkierten Igel. Daumen drücken!

04. November, Mittwoch

Am Igel-Restaurant wurde der Betrieb komplett eingestellt. Da brauche ich also für meine Draußen-Igel nichts mehr bereitstellen. Das konnte ich früh morgens alles wegschmeißen. Dann gibt es ab jetzt nur noch Trockenfutter.

Auf der Cam habe ich den unmarkierten Igel wiedergesehen. Und Leander schlich ein paar Mal durchs Bild. Aber am Igel-Restaurant bringt mir die Cam ja nun nichts mehr. Also hänge ich sie die Tage wieder rüber, zur Trockenfutterstation.

Gegen Mittag ist Kandis mit einem Gewicht von 653 Gramm auf die Terrasse gezogen. Nun bin ich gespannt, wie lange sie noch wach bleibt. Bis jetzt ist sie wirklich eine Bilderbuch-Igelin!

Picolo macht sich weiterhin gut. Es gab keine Krawalle mehr. Das Einzige, was er noch lernen muss, ist, dass der gesicherte Freigang nur bis zur Dunkelheit gilt. Aber das haben alle Tiere hier recht schnell kapiert. Manchmal sitzt er spätabends vor der geschlossenen Klappe und jault leise.

Ramses hat sich Gott sei Dank beruhigt. Er schleppt seine Decke nicht mehr durch die Gegend, sondern liegt nachts neben mir im Bett. So wie früher. Das Gröbste seiner Trauer dürfte er also überwunden haben. Das freut mich riesig für meinen Seelenkater!

05. November, Donnerstag
Meine Igelfreundin braucht meine Hilfe: Sie bekommt
einen schwierigen Igel, hat aber keinen Platz mehr. Sie
kann den nur nehmen, wenn ich ihr einen anderen Igel
abnehme. Also zieht Abel bei mir ein: Ein Igelkind mit
180 Gramm und angeblich unauffälliger Kotprobe.
Heute Abend geht die Schnupfbande wieder zurück in
den Katzenverein. Wir treffen uns am gleichen Punkt
wie vor elf Tagen. Es regnet. Auch wie vor elf Tagen.
Ich bin ein wenig traurig. Kaum waren sie da, müssen
sie schon wieder weg. Aber so ist das nun mal mit
Vereinskatzen. Die sind halt nur bis zur Vermittlung bei
uns. Und meine Chefin hat wieder Zeit und Platz, denn
die Kastrationsaktion für Herbst 2020 ist vorzeitig
beendet worden.

06. November, Freitag
Och Menno! Ramses schleppt wieder seine Decke
durch die Gegend.
Abends noch ein Kleintiergehege geholt, welches ich
wieder über eBay erstanden hatte. Eigentlich war es für
mich selbst gedacht, doch meine Igelfreundin braucht
das Gehege viel dringender. Also geht dieses hier erst
mal an sie. Ich muss dann für mich weitergucken.

07. November, Samstag
Oh, wie schön, Abel wiegt über 200 Gramm. Er ist aber
extrem scheu. Zum Fressen kommt er nur heraus, wenn
keiner von uns in der Nähe ist. Kandis draußen ist da
ganz anders. Wenn sie frisst, kann neben ihr eine
Bombe hochgehen. Juckt sie nicht.

Gleich am Morgen meiner Igelfreundin ihr neues Gehege gebracht. Denn ich brauche Platz im Auto. Hab nämlich tatsächlich noch jemanden über eBay gefunden, der ein Gehege hat. Also nachmittags wieder los. Und vor Ort stellte sich heraus, dass sogar zwei (!) Gehege zum Verkauf stünden. Natürlich habe ich da zugeschlagen. Ich hätte sowieso noch ein weiteres Gehege haben wollen. Denn diese Gehege sind auch für den kontrollierten Winterschlaf auf der überdachten Terrasse geeignet. Der Tag hat sich ja richtig gelohnt heute!
Meine Cam hängt auch schon wieder draußen, über der Trockenfutterstation. Am Nassfutter ist niemand mehr, und selbst beim Trockenfutter bleibt inzwischen die Hälfte liegen. Nun bin ich gespannt, wer da als letztes noch herumkriecht. Ich tippe auf maximal zwei Igel. Der Rest schläft wohl endlich. Wir haben nachts auch nur noch sechs bis acht Grad. Naja, morgen weiß ich mehr.

08. November, Sonntag
Habe die Dateien der Cam von letzter Nacht ausgewertet: Da ist immer der gleiche Igel drauf. Erster Auftritt gestern um 17:48. Letzter kurz vor 1:00 Uhr nachts. Von der Markierung her müsste es Jade sein. Aber um Gewissheit zu bekommen, muss ich versuchen, den Igel heute Abend einzusammeln und durchzuchecken. Stelle also gegen 17 Uhr das Futter raus und lege mich auf die Lauer.
Habe Kandis gewogen: 728 Gramm. Ende Oktober kam sie mit 460. Da passt also alles!

Und zack, ist sie mir um 17:40 ins Netz gegangen! Es war tatsächlich Jade. Ihre Markierung ist blass geworden, daher war sie auf der Cam so schlecht zu erkennen. Habe sie kurz reingenommen und durchgeguckt: Sie wiegt 715 Gramm (also 200 Gramm mehr als vor drei Wochen) und hatte eine Zecke, die ich ihr abnahm. Dann habe ich sie sofort wieder in die Freiheit entlassen. Mit frischer Markierung.

09. November, Montag
Abel hat weiter zugenommen! Jetzt ist er schon bei fast 250 Gramm.
Und Haifa hat sich gemeldet. Also nicht Haifa selbst, aber ihre Finderin, bei der Haifa gepäppelt wird. Sie erzählte mir, dass Haifa nicht mehr so viel frisst und viel Futter stehen lässt. Ob sie sich wohl auf ihren Winterschlaf vorbereite? Sieht fast so aus. Sie soll nun auf Trockenfutter umstellen, riet ich ihr. Die meisten Igel fressen um diese Zeit kaum noch Nassfutter. Meine Draußen-Igel haben es ja auch längst aufgegeben, und heute Morgen habe ich gesehen, dass auch meine Igelin Kandis das Nassfutter fast komplett verschmäht und nur noch das Trockenfutter aufgemampft hat.

11. November, Mittwoch
Am Nachmittag endlich mal wieder eine Vorkontrolle gemacht. Und zwar bei Familie F. in Dithmarschen. Für einen Hund, der aus Bulgarien kommen soll. Das lief sehr gut. Die Leute sind äußerst nett und hunde-erfahren. Das gibt ein grünes Licht von mir. Kaum war ich wieder zu Hause, kam ein Notfall-Igel bei mir an.

Der Igel wurde in meiner alten Wohngegend im Hamburger Westen gefunden. Natürlich als erstes gewogen: 318 Gramm. Äußerlich keine Verletzungen oder Parasiten. Alles weitere schaue ich mir morgen an. Und Kot sammeln werde ich auch. Nicht, dass er noch ein geselliges Innenleben hat, welches er loswerden möchte. Die Bringerin des Igels, Beate, durfte zu Tee und Kuchen bleiben, denn auch sie war sehr nett.

13. November, Freitag
Familie F. bekommt den Hund, habe ich gerade erfahren. Prima, dann werde ich sicherlich bald zur Nachkontrolle noch einmal hinfahren.
Den neuen Igel habe ich mir gestern einmal genauer angeschaut. Ist ein Männchen und sieht soweit recht normal aus. Habe ihn Mozart getauft. Zugenommen hat er auch. Aber zur Sicherheit bringe ich ihn meiner Igel-freundin am Sonntag mit. Sie soll ihn sich auch angucken.
Meine Draußen-Igel dürften alle im Winterschlaf sein, denn vom Futter wird überhaupt nichts mehr angerührt. Ich werde die Cam aus Spaß nochmal aufstellen, aber ich erwarte eigentlich nichts, außer den Nachbarskater.

15. November, Sonntag
War heute Nachmittag bei meiner Igelfreundin und hatte sowohl Abel, als auch Mozart im Gepäck. Zuerst haben wir uns Abel angeguckt, der in den letzten Tagen leider nur sehr schleppend (eigentlich fast gar nicht) zugenommen hat. Meine Freundin vermutet Bakterien oder einen Hefepilz. Sie hat mir ein Medikament mitgegeben und hofft, dass er sich bessert.

Dann hat sie sich Mozart angesehen, der gut zunimmt. Bei ihm war die Sache schnell eindeutig: er hat einen Trichophyton (das ist ein Pilz). Ich bekam also Medikamente und einen Behandlungsplan mit. Morgen schicke ich seine Kotprobe ein. Mal sehen, was er sonst noch hat.

16. November, Montag
Hatte letzte Nacht die Kamera draußen. Nicht ein einziger Igel. Über meine Draußen-Igel werde ich dieses Jahr nichts mehr berichten können. Dafür war natürlich der Nachbarskater drauf. Der kommt wohl jede Nacht, bei Wind und Wetter.

18. November, Mittwoch
Habe heute Morgen mal wieder Kandis gewogen. Sie hat 794 Gramm. So, Mädchen, das reicht nun aber für den Winterschlaf. Hab süße Träume!
Mittags zu meinem Katzenschutzverein gefahren. Das Übliche: Handkasse, Rechnungen und geschnackt. Viel war ja nicht dieses Jahr. Zwei von meiner „Schnupfbande" sind schon vermittelt. Einer ist noch da. Der hat auch sofort geschnurrt, als er mich sah. Er zieht Samstag aus. Schnüff!
Habe meine Chefin um Rat gefragt, bezüglich Piccolo. In den letzten Tagen hatte er Ramses öfters am Wickel. Mein Seelenkater kann sich nicht gut wehren; er ist ängstlich und verzieht sich dann ins Arbeitszimmer. Natürlich habe ich immer noch die Option, Piccolo seinen vorherigen Besitzern zurückzugeben. Andererseits scheint Pepe in ihm einen neuen Spielpartner gefunden zu haben. Wenn Ramses sich doch nur mal kurz wehren würde, dann wäre bestimmt Ruhe.

Es sieht nämlich nicht so aus, als ob Piccolo Ramses ernsthaft an die Wäsche will, sondern er ist einfach nur verspielt. Monk ist da ganz anders: Er hat gleich klargestellt, dass er *nicht* spielen will und hat damit seine Ruhe. Das muss Ramses wirklich noch lernen.

19. November, Donnerstag
Abel und Mozart haben tatsächlich zugenommen! Aber erst wenn sie das regelmäßig tun, kann ich Entwarnung geben.
Heute ist das mit Nike fünf Wochen her. Und morgen früh das Gleiche mit Titus. Mir kommen diese Tage wieder verstärkt die Tränen. Es ist immer noch so unfassbar und schmerzt fürchterlich.

20. November, Freitag
Die Kotuntersuchung von Mozart ist da. Er hat Lungenhaarwürmer (hochgradig), Darmsaugwürmer (mittelgradig) und ein paar Kokzidien. Ach du dickes Ei. Da er noch bis Sonntag gegen den Trichophyton behandelt wird, kann ich frühestens ab Dienstag mit der nächsten Baustelle beginnen, die da heißt: Darmsaugwürmer. Das ist das Erste, das ich bekämpfen muss! Danach kommen die Lungenhaarwürmer und die Kokzis dran.

21. November, Samstag
Abel hat wieder leicht abgenommen. Mein Bauchgefühl schreit nach einer zweiten Kotuntersuchung, denn irgendetwas ist noch im Argen. Also sammel ich seine Würstchen fleißig, damit ich Mitte nächster Woche klar sehe. Was ist bloß los mit ihm?

23. November, Montag
Abel hat das erste Mal die 300 Gramm Marke
geknackt. Dennoch: ich schicke heute den über drei
Tage gesammelten Kot von ihm zur Untersuchung ein.
Sicher ist sicher! Mozart nimmt dafür immer mehr ab.
Ab morgen bekommt er ein Medikament gegen die
nervigen Darmsaugwürmer. Dann ist hoffentlich Ruhe.
Mit Piccolo läuft es seit ein paar Tagen viel besser. Er
wirkt ruhiger und gelassener. Auch Ramses ist deutlich
entspannter. Seine Decke trägt er jetzt auch nur noch
einmal am Tag durch die Gegend. Naja, oder zweimal.

26. November, Donnerstag
Na, herzlichen Glückwunsch! Ich habe es doch geahnt.
Die Kotuntersuchung von Abel ergab einen
ordentlichen Befall von Darmsaugwürmern und einen
massiven Befall von Lungenwürmern. Gleich heute
Abend mit der Behandlung begonnen. Wie gehabt:
zuerst der Darmsaugwurm.
Und Mozart geht es ab heute auch an den Kragen,
besser gesagt seinen Lungenhaarwürmern.
Pepe humpelt. Was ist denn da nun wieder los?

27. November, Freitag
Na endlich, Kandis ist im Winterschlaf. Ihr Käfig war
sauber. Das Futter hat sie auch nicht angerührt. Schlaf
schön, kleine Kandis. Bis zum Frühjahr dann!
Mit Pepe zum Tierarzt: Er hat tatsächlich hohes Fieber.
Und vermutlich eine Entzündung im Bein. Also
Antibiotika und Metacam. Und hoffen, dass das alles
war.
Bei mir wird es wirklich nie langweilig.

30. November, Montag
Mozart nimmt jetzt rasant zu. Er ist schon bei 495 Gramm. Dafür dümpelt Abel immer noch um die 300 Gramm Marke herum. Heute hatte er 295. So langsam muss die Behandlung doch mal anschlagen. Nochmal mit Pepe beim Tierarzt gewesen: Das Fieber ist runter. Das Bein aber noch nicht ganz wieder in Ordnung. Also nochmal Antibiotika und ein paar Tage Metacam. Nachmittags Tee und Kuchen bei meiner Igelfreundin. Ihre Igel schlafen auch noch nicht alle. Bei ihr ist es Paddel-Bianca, die nicht richtig zu Potte kommt. So wie bei mir der Abel. Ich habe ihr gesagt, dass ich ihr Abel am Donnerstag mitbringe, wenn er die nächsten Tage nicht einen ordentlichen Satz nach oben macht. Gewichtsmäßig, natürlich.

02. Dezember, Mittwoch
Mozart ist bei 512 Gramm. Der kann bald raus. Und Abel? Der hatte heute 305 Gramm. So, Abel, nun aber stetig aufwärts. Hopp, hopp!

03. Dezember, Donnerstag
Heute Morgen Abel tot im Gehege gefunden. Er lag ausgestreckt neben seinem Schlafhäuschen. Ich bin unfassbar traurig und fühle mich machtlos. Was habe ich übersehen? Was?
Morgen fahre ich zum Landeslabor Neumünster. Ich will unbedingt wissen, was da schief gegangen ist. Der Tag ist für mich gelaufen. Nachmittags kurz bei meiner Igelfreundin angehalten, das Gehege abholen, das ich ihr geliehen hatte. Meine Freundin sah gar nicht gut aus und fühlte sich auch nicht gut. Sie ist fast 82 Jahre alt. Ich habe Angst.

04. Dezember, Freitag
Heute früh Abel in die Pathologie gebracht. Kurz und
schmerzlos. Man wird mir das Ergebnis nächste Woche
mitteilen. Wenigstens geht es Mozart gut; er bereitet
sich akribisch auf den Winterschlaf vor.
Zeitungsschnipsel um Zeitungsschnipsel verschwindet
in seinem Schlafhäuschen.
Habe auch mit meiner Igelfreundin telefoniert und mich
nach ihrem Zustand erkundigt. Sie klang schon ein
bisschen fitter. Immerhin.

07. Dezember, Montag
Mozart ist auf die Terrasse gezogen, mit 603 Gramm.
Er mochte einfach nicht mehr drinnen sein und hatte ja
ohnehin schon angefangen, sein Nest zu bauen. Nun hat
Kandis einen Nachbarn. Und im Haus ist es jetzt ganz
still. Bin gespannt, wann Mozart nun endgültig in
seinen langen Schlaf dämmert.
Meiner Igelfreundin geht es deutlich besser. Ich bin so
erleichtert!

08. Dezember, Dienstag
Nachmittags endlich mal wieder in Sachen
„Stachelritter" weitergearbeitet. Lange mit dem
Grafiker telefoniert: Es ging um das Design für den
Stülpkarton. Das sieht schon sehr schön aus, jedoch
habe ich noch einige Verbesserungen gezeichnet. Der
Grafiker hat auch schon die Zeichnungen für die
Spielregeln gemacht. Habe sehr gelacht! Mein Grafiker
ist echt einsame Spitze. Mit ihm werde ich auch in
Zukunft gern arbeiten, egal ob Spiele oder Bücher. Die
nächsten Ideen habe ich schon im Kopf.

11. Dezember, Freitag
Nun möchte ich es aber wissen: Beim Labor angerufen, um mich nach dem Stand in Sachen Abel zu erkundigen. Ja, man hat schon ein wenig gesehen, möchte aber noch weitere Untersuchungen machen.
Von einer Lungenentzündung war die Rede. Und von einer marmorierten Leber. Das hört sich alles gar nicht gut an. Man schickt mir dann schriftlich den kompletten Bericht zu.
Habe auch danach mit meiner Igelfreundin telefoniert. Natürlich unter anderem, um ihr den Zwischenstand aus dem Labor mitzuteilen, aber auch um sie, Mozart betreffend, um Rat zu fragen. Mir gefällt sein Kot noch nicht so richtig. Ob er noch Parasiten hat? Sie riet mir, noch eine Kotuntersuchung machen zu lassen, danach entscheiden wir dann, ob er noch weiter behandelt werden muss oder, so wie er ist, in den Winterschlaf kann. Fressen tut er ja hervorragend!

15. Dezember, Dienstag
Habe das Ergebnis von Mozarts Kotprobe bekommen: Er hat nichts, außer ein paar Kokzidien. Hmm. Die wird er anscheinend nicht los. Aber reicht das, um keinen vernünftigen Kot zu haben? Ein paar Tage muss ich warten, dann bekommt er noch einmal sein Medikament.
Bei den Katzen ist soweit alles in Ordnung. Die Bulgaren (Monk und Ramses) sind eher träge, dafür drehen Pepe und Piccolo mächtig auf. Nun, in ihrem Alter ist das ja völlig normal, und es ist total schön zu sehen, wie gern sie miteinander raufen und spielen. Pepe scheint endlich seinen „partner in crime" gefunden zu haben.

16. Dezember, Mittwoch
War bei meiner Igelfreundin zu Tee, Kuchen und
Ratschlägen. Sie hat mir für Mozart einen speziellen
„Igel-Pamps" mitgegeben, den ich mit ins Futter rühren
soll. Auch das soll zur besseren Kot-Situation
beitragen. Ich bin gespannt. Kandis war heute natürlich
auch wieder wach und hungrig. Wen wundert es: wir
haben neun Grad!
Dann kam tatsächlich auch der pathologische Bericht
bezüglich Abel. Als Hauptursache für seinen Tod wird
die verminöse Pneumonie beschrieben, sprich,
Lungenentzündung durch Würmer. Von Würmern oder
überhaupt irgendwelchen Parasiten war aber nicht die
Rede! Vielleicht war unsere Behandlung einfach zu spät
für ihn, und die Lungenwürmer hatten schon zu viel
Schaden angerichtet? Auf jeden Fall werde ich den
Pathologiebericht anderen Pflegestellen zur Verfügung
stellen. Das ist das Mindeste, was ich jetzt noch für
Abel tun kann.

17. Dezember, Donnerstag
Beate, vom Igel-Taxi (die auch Mozart brachte), rief an:
Sie hätte einen kleinen Igel im Garten gefunden, ob sie
ihn bringen könne. Ja, sie kann. Es handelte sich um
eine Igelin, 345 Gramm, äußerlich unverletzt, keine
Ektoparasiten. Ich habe aber auch ein Glück! Das wird
vermutlich nicht so schwierig.

18. Dezember, Freitag
Abends kam eine Anfrage von Sandra, einer Bekannten
in meinem Umkreis, bei der ich schon einmal eine
Vorkontrolle für einen bulgarischen Verein gemacht
hatte. Ob ich eine Zweitkatze für sie wüsste.

Ich habe auf unseren Verein verwiesen; soll meine Chefin mal überlegen, ob wir jetzt noch so kurz vor Weihnachten da was hinbiegen können. Eigentlich ja eher nicht. Andererseits hätten Sandra und ihr Partner jetzt Urlaub und Zeit für die Eingewöhnung. In ihrem Fall - weil ich ihren Haushalt kenne - würde ich da auch eine Ausnahme machen. Das sind keine Menschen, die ein neues Haustier kurz nach Weihnachten wieder auf die Straße setzen!

19. Dezember, Samstag
Noelle, so heißt die Igelin jetzt (selbst Schuld, wenn sie so kurz vor Weihnachten auftaucht!), frisst recht gut, sowohl Nass-, als auch Trockenfutter. Heute wiegt sie schon 381 Gramm. Kotuntersuchung bringe ich der Tierärztin am Montag mit. Und Noelle nehme ich auch mit. Sicher ist sicher. Nicht, dass ich irgendetwas übersehen habe!
Mozart nimmt auch zu, aber sehr langsam. Er ist jetzt bei 620 Gramm. Naja, er muss ja noch seine restlichen Kokzidien loswerden.

21. Dezember, Montag
So! Mozart hat heute nochmal sein Mittel gegen Kokzidien bekommen. Hoffentlich war es das nun mit ihm. Sandra hat sich auch gemeldet: sie übernimmt eine Katze von einem Hof, wo unser Verein schon zum Fangen und Kastrieren unterwegs war. Natürlich mache ich bei Sandra dann später auch die Nachkontrolle. Nicht dass das wirklich nötig wäre, aber da immerhin ein neues Tier auf ein schon vorhandenes Tier trifft, und Sandra auch in dem Punkt etwas unsicher ist, kann ich ihr vielleicht ein paar Tipps geben.

Heute war Noelles großer Tag! Sie kam mit zur Tierärztin, nebst ihrer Kotprobe. Das Ergebnis bekomme ich morgen. Noelle wurde durchgeguckt und ein paar Zecken festgestellt. Ansonsten fand die Tierärztin nichts auffälliges. Auf dem Heimweg, meinem Bauchgefühl folgend, hielt ich bei meiner erfahrenen Igelfreundin an, zwecks Check. Seit der Sache mit Abel bin ich, bezüglich meiner Igel, noch sensibler geworden. Meine Igelfreundin wies mich als erstes darauf hin, dass es sich bei Noelle jedoch um Noel handelt. Ach herrje! Ich hoffe, ich kann mich damit herausreden, dass er am Bauch so pelzig ist, dass man das ein oder andere „Detail" einfach übersieht. Aber das war das kleinste Problem, ehrlich gesagt. Nach genauerer Betrachtung fiel uns erstmal das Ausmaß an Zecken auf. Die konnte ich bei der Erstuntersuchung allerdings wirklich noch nicht gesehen haben. Selbst jetzt waren sie extrem klein und an Stellen, wo wirklich nur ein sehr erfahrener Igelpfleger rankommt. Wir zogen letztendlich weit über 20 Zecken vom Körper des kleinen Noel, der sehr tapfer war. An einem Hinterbein vermutete meine Freundin noch einen Pilz und strich etwas Salbe drauf. Ansonsten fand sie ihn so weit recht schick. Gut, äußerlich haben wir ihn nun im Griff. Ab morgen geht es um die Endoparasiten!

22. Dezember, Dienstag
Noels Kotanalyse ist fertig: Er hat hochgradig Lungenwurmlarven und die entsprechenden Eier. Sonst aber nix. Die erste Behandlung hat er sofort bekommen. In zwei Tagen folgt dann die nächste. Und in 10 Tagen die dritte. Und sollte er dann noch nicht schlafen (und

noch „Häufchen" hinterlassen), könnte ich glatt noch eine Kontrollanalyse machen lassen, ob wirklich alle Lungenwürmer weg sind. Apropos Kontrolle: Ich denke, ich werde nach den Feiertagen auch den Kot von Kandis sammeln, sofern vorhanden. Sie ist inzwischen wieder öfter wach (elf Grad, alleine heute!) und hinterlässt entsprechende Beweise. Ich möchte auch bei ihr ganz sicher gehen, dass sie nicht inzwischen Parasiten ausgebrütet hat. Mein Respekt vor der sogenannten „Präpatenzzeit" ist ziemlich gestiegen!

23. Dezember, Mittwoch
Nachricht von Frau L. aus Dockenhuden (das ist die mit den zerstrittenen Katzen, siehe 19. Februar): Mit den beiden Fellnasen läuft es total entspannt. Sie genießen den Freigang, kommen aber pünktlich abends herein, und auch im Haus herrscht Friede, Freude, Leckerli. Das hat mich natürlich total gefreut! Wenn ich daran denke, wie ich mich Anfang des Jahres mit ihr und den Katzen abgemüht hatte.
Habe Noel vorhin mal husten hören. Aha! Das Mittel wirkt also schon, und er hustet die Lungenwürmer ab. Morgen bekommt er die zweite Dosis.

24. Dezember, Donnerstag
Oh, ich freu mich! Sowohl Mozart, als auch Noel haben an Gewicht zugelegt. Das war heute das schönste Weihnachtsgeschenk! Mozart sieht aber nun wirklich so aus, als ob er in den Winterschlaf möchte: Er hat das Wiegen komplett verschlafen! Und Noel hat heute seine zweite Behandlung gegen die blöden Lungenwürmer bekommen.

Am Abend haben wir (mein Mann, ich und meine Igelfreundin) nach einem festlichen Dinner noch einmal „Stachelritter" testgespielt. Zwei Kleinigkeiten sind mir noch aufgefallen, die ich anpassen muss. Ansonsten hält es aber, was es verspricht. Prima.

Frau S. aus Rellingen (siehe 15. Februar), die mit der überfahrenen Katze, wo noch ein Kater übrig blieb, schrieb mir, dass es soweit recht gut läuft. Der Kater sei gesund und munter und viel draußen. Auch ihr selbst würde es wieder besser gehen, berichtete sie. Das sind doch recht gute Nachrichten zum Jahresende, finde ich.

26. Dezember, Samstag

Sandra hat sich gemeldet. Sie hat seit fünf Tagen nun die neue Katze vom Hof, und am Anfang war sie verunsichert, ob sich das Tier wirklich wohlfühlt. Wir hatten länger telefoniert, und ich riet zur Geduld und gab ihr noch ein paar Ratschläge mit. Seit gestern nun läuft es sehr entspannt, schrieb sie mir. Und ich bekam auch gleich ein Video per Whatsapp geschickt, welches eine sehr süße und sehr neugierige Katze zeigt. Also auch an dieser Front ist alles bestens.

Noel war heute wieder mit Wiegen dran: stolze 481 Gramm präsentierte er mir und nahm gleich, nach dieser „anstrengenden" Aktion, ein paar Bissen aus seiner Trockenfutterschale. Also wenn Noel so weitermacht, kann er Anfang Januar raus: zu Kandis und Mozart auf die Terrasse.

Welche Not da draußen für die Igel herrscht bekomme ich täglich durch andere Pflegestellen mit: Denen werden jetzt immer noch schwache, kranke Igel gebracht, mit Gewichten von teilweise nur 200 Gramm.

So ein Igel überlebt nicht mal mehr die nächste Nacht, wenn er nicht sofort zu einer erfahrenen Pflegestelle gebracht wird. Und selbst dann sind seine Chancen extrem gering. Mir ist dieses Jahr sehr bewusst geworden, wie schlimm es um unsere Igel steht. Darum habe ich ja auch das „Stachelritter"-Spiel entwickelt: Ich möchte mehr Aufmerksamkeit für unsere pieksigen Freunde und ihre Not generieren!

28. Dezember, Montag
525 Gramm wiegt der gute Noel heute. Also das ist ja wirklich traumhaft mit ihm.
Mit meiner Igelfreundin habe ich auch gerade telefoniert und sie für den ersten Januar zu Tee und Kuchen eingeladen. Sie hat mir am Telefon etwas sehr interessantes erzählt: Wenn die Temperaturen um die minus 20 Grad liegen, dann schütteln sich Igel, die im Winterschlaf sind, wach, um nicht zu sterben. Ich lerne wirklich fast jeden Tag etwas dazu! Dann fragte ich noch nach Paddel-Bianca. Meine Igelfreundin stöhnte, dass Bianca immer noch nicht schlafen will, obwohl sie doch nun über 1.000 Gramm wiegt. Sie knuspert weiter an ihrem geliebten Trockenfutter. Und knuspert und knuspert ...

31. Dezember, Donnerstag
Das ist mein letzter Eintrag heute. Habe Noel gewogen:
575 Gramm. Übermorgen bekommt er seine letzte
Lungenwurm-Behandlung, und nach der
Verstoffwechselung des Medikaments darf er endlich
zu seinen Artgenossen auf die Terrasse.
Dann wird es hier im Haus sehr still werden. Das
Knuspern des Trockenfutters und das Rascheln mit dem
Zeitungspapier werden mir fehlen. Igelmäßig wird es
bis März/April grundsätzlich etwas ruhiger, aber ganz
aufhören tut es nicht: Es kommen überall noch Notfälle
herein, und auch ich bekam gleich im Januar 2021
einen ab, in Form von Octavia, mit 260 Gramm!

Mein Respekt vor dem Ehrenamt (und das gilt nicht nur
für meine Tierschutzkollegen) ist dieses Jahr noch
weiter gestiegen. Meine Wut auf die Politik auch. Und
meine Angst, dass die Igel bald aussterben werden.
Obwohl dieses Jahr viele Dinge anders waren, ist die
Not der Tiere dennoch gleichgeblieben oder schlimmer
geworden.
Nächstes Jahr werden wir, der ganzen Not zum Trotz,
genau so weitermachen und versuchen, möglichst
vielen Tieren zu helfen.
Auch „Stachelritter" wird auf den Markt kommen. Und
ich werde, so die Pandemie erlaubt, wieder mehr im
Ausland unterwegs sein und mich auch dort dem
Tierschutz widmen.

Mit dem Ableben von Trinity, Nike, Titus, Celeste und Abel habe ich herbe Verluste hinnehmen müssen.
Durch Alfred, Buddha, Bianca, Tippy, Haifa, Bianca, Kandis, Mozart und Noel habe ich aber auch viel lernen können. Der „flotte Dreier" und auch die „Schnupf-Bande" haben für Abwechslung gesorgt, und Pepe hat in Piccolo einen neuen Freud gefunden.
Mit Spannung erwarte ich im Frühling meine Draußen-Igel wieder an den Futterstellen und hoffe, dass sie alle gut durch den Winter gekommen sein werden.

Nächstes Jahr kann ich dann hoffentlich auch meine Lese-Tour fortsetzen. Es gibt wirklich einiges nachzuholen, und ich wünsche uns allen sehr, dass wir bald wieder all die Dinge machen dürfen, die uns versagt blieben.

Das war mein Jahr 2020. Wer wissen möchte, wie es mit den Katzen und Igeln weitergeht, sprich, warum ich wieder beim Igel-Telefon mitmache, was mit Monty schief ging oder wer Octavia und Platon sind und wie sie sich entwickelten, der schalte bitte auf Englisch um und lese dann ab Frühjahr 2022 das Buch "Of hogs and cats - My animal diary 2021", wo ihr alle Antworten findet. Einiges davon könnt ihr natürlich jetzt schon auf instagram verfolgen: bali_kiknadze

Bis dahin: Passt gut auf euch auf!

Herzlichst,
eure Bali.

Und als Leckerli noch einige Fotos
aus dem Jahr 2020

Alfred, nach dem Winterschlaf

Monk und Pepe

Igel am Trockenfutternapf

94

Buddha, mit dem großen Abszess
(Foto von Finderin)

Nike liegt auf Ramses

Kandis beim Baden

Igelkampf, mitten in der Nacht

Piccolo und Monk

mein jährlicher Aufruf, an schwarzen Brettern von Supermärkten

Wildtiere brauchen unsere Hilfe!

Die Böden sind trocken und es regnet zu wenig.

Bitte stellen Sie flache Wasserschalen in Ihre Gärten.

Danke, im Namen unser heimischen Wildtiere.

97

Paddel-Bianca

Igel kommt zum Futterhaus

Titus und Trinity

Zwei vom „Flotten Dreier"

Zwei der „Schnupf-Bande"

Weitere Bücher von Bali Kiknadze:

Balistan
Pfotenengel
Wie tickst du?

Spiele von Bali Kiknadze:

Katerstimmung
Stachelritter

104